Um glücklich zu sein, muss man ziemlich schlau sein

Mein Sinn des Lebens

S. Amon

Um glücklich zu sein, muss man ziemlich schlau sein

Mein Sinn des Lebens

S. Amon

IMPRESSUM

Bibliografische Information der Deutschen Nationalbibliothek:
Die Deutsche Nationalbibliothek verzeichnet diese Publikation in der Deutschen Nationalbibliografie; detaillierte bibliografische Daten sind im Internet über http://dnb.dnb.de abrufbar.

Bildnachweis: Titelseite © by Nyx 2015

Herstellung und Verlag: BoD – Books on Demand, Norderstedt

ISBN: 978-3-7347-7189-7

Gewidmet:
Meiner Püppi

Inhaltsverzeichnis

VORWORT

In einem Gespräch vor einigen Jahren, welches ich mit meinem Bruder führte und in dem es wie so oft um Gott und die Welt ging, sagte er beiläufig zu mir: „Weißt Du was? Die Menschen sind zu blöd für diese Welt."
Nun hatte ich schon immer eine ausgeprägte Gabe, Menschen zuzuhören. Egal, was sie sagen. Selbst, wenn sie nichts sagen, höre ich trotzdem zu. Ich höre hin.
Das ist eine Mischung aus Hineinhören und Heraushören, die mich schon immer fasziniert hat.
Der Gegenüber offenbart sein Innerstes oft auf eine Art und Weise, die mich (von seiner Seite unbewusst) ganz tief blicken lässt. Jeder Mensch ist gern ehrlich. Weil er etwas „abladen" kann. Und diese Ehrlichkeit lese ich unter anderem neben seinen Befindlichkeiten heraus.

Zurück zur Äußerung meines Bruders.
Als er das sagte, hatte ich augenblicklich das Gefühl: Scheiße, da ist was dran.
Dieses unterschwellige Gefühl verfolgt mich seit diesem Tag. Eigentlich schon solange ich denken kann.

Mittlerweile biegt mein momentanes Hiersein auf eine imaginäre Zielgerade ein.
Da kam mir der Gedanke:
Was hinterlasse ich?
Ist es nicht immer die Frage, was wir der nächsten Generation hinterlassen?
Habe ich überhaupt etwas zu hinterlassen, zu sagen, was für irgendwen wichtig oder von Bedeutung ist? Etwas zum Lachen?
Ich habe keine außergewöhnliche Lebensgeschichte und auch mein

Geltungsdrang hält sich wirklich in Grenzen.

Aber ich habe etwas gesehen und erlebt, durchschaut und verstanden, was durchaus erhaltens- und mitteilenswert ist.

Ich habe mir große Mühe gegeben, das alles zu verstehen. Und die soll nicht vergebens gewesen sein, es wäre wirklich schade darum. Ich empfinde das Erlebte und Erfahrene durchaus als Privileg.

So entstand die Idee zu diesem Büchlein. Mir schwebte etwas vor, wie meine Antworten auf kleine aber wichtige Fragen.

Die Fragen wurden mir so oder ähnlich in Chats, persönlichen Gesprächen oder schriftlich in Vorbereitung auf dieses Büchlein gestellt. Zu einem kleinen Teil sind es auch Fragestellungen, die mich selbst auf meinen Reisen genau so bewegt haben.

Wegen meiner selbst auferlegten Beschränkung auf eine Seite pro Antwort war es unumgänglich, extrem zu vereinfachen und herunter zu brechen. Da sollte jedes Wort stimmen. Aber genau das hat mich so sehr gereizt. Die Antworten sollten auch zwischen zwei Haltestellen des ÖPNV passen.

Kurz, knapp, einleuchtend und klar. Hilfreich und einfach, plausibel und verständlich. Hoffentlich bewegend.

Damit die, die eintauchen wollen und können, ein reicheres, angenehmeres, selbstbestimmtes und leichteres Leben haben.

Nichts Wichtiges. Nur augenzwinkernde Denkanstöße, die vielleicht etwas Mut und Hoffnung geben.

Ein Angebot.

Hier ist es.

MEINE SUCHE NACH GOTT

In den sechziger Jahren des letzten Jahrhunderts wuchs ich in einem kleinen thüringischen Dorf als ältester Sohn der Dorflehrer auf. Mein Vater sagte gern, im Dorf-Ranking kamen sie gleich nach dem Pfarrer. Und so war es auch. Ich kenne also in meiner Primärprägung nur herzliche und freundliche Menschen. Ich konnte mich in dem Dorf vollkommen frei bewegen und ging auch in anderen Gehöften selbstverständlich ein und aus. In meiner Erinnerung war ich sehr viel einfach allein unterwegs und erkundete, was es so zu entdecken gab. Es war ein Paradies für mich.

Meine Heimat war die junge DDR. Also waren auch die Lehrer angehalten, die sozialistischen Ideale zu vermitteln. Natürlich bekam ich eine gehörige Extraportion davon ab.
Und eins wusste ich ganz genau: Gott gibt es nicht.
Wer das (auch in den folgenden Jahren) behauptete, war schon mal per se blöd und unwissend.

Die Jahre gingen ins Land und der Sozialismus in die Binsen.
Irgendwie sah es mein Vater kommen und erklärte mir das auch. Ich habe seine analytischen und weisen Einschätzungen immer sehr gemocht. Trotzdem brach ja in der Zeit meine kleine Welt zusammen. Ein sehr komisches Gefühl. Ich stand vor dem „Trümmerhaufen", betrachtete ihn und so sehr ich mich auch anstrengte, ich verstand es damals einfach nicht.

Die Zeiten waren für mich sehr turbulent. Ich war Anfang 20 und hatte schon zwei Ehen hinter mir und zwei Kinder. Meine Arbeit bei der NVA (Offizier, was sonst) war beendet und es begann eine Zeit des „sich Durchschlagens".

Ich lernte meine Frau kennen.

Von ihr war ich seit der ersten Begegnung fasziniert. Musste ich in meinen früheren Beziehungen immer um Liebe und Sex kämpfen oder betteln, überschüttete sie mich förmlich damit. Das machte sie mit einer Einfachheit, Unbekümmertheit und Selbstverständlichkeit, dass mir oft die Spucke weg blieb.

Mein zweites Paradies.

Jetzt geschahen zwei Dinge.

Wir bekamen einen Sohn.

Da ich die täglichen Abläufe und Erlebnisse mit Kindern kannte, konnte ich ihr etwas zur Hand gehen und die Entwicklung des kleinen Wesens in allen Facetten wirklich beobachten und genießen.

Das Zweite war, dass wir auf einem Wochenendseminar Harald Wessbecher kennenlernen durften.

Für mich fühlte es sich an, als würden Türen aufgerissen und eine neue Welt bekommt Raum in mir.

Diese Leichtigkeit, Brillanz, Klugheit in seinen Worten und Gedanken faszinierte mich bis in meine tiefste Seele.

Bis heute.

Im Rahmen dieses Seminars veranstaltete er mit fast 500 Leuten im Raum eine Meditation. Diese war unendlich schlecht zu verstehen aber einige Fetzen kamen bei mir an.

Diese reichten aber aus, um mir die Kassette, mp3 gab es noch nicht, zu kaufen und mich zu Hause immer wieder in diese Meditation fallen zu lassen.

Die Kernaussage war: Ich bin unbegrenzt, ewig und frei.

Nicht, dass ich mich irgendwie von außen hypnotisiert gefühlt hätte. Überhaupt nicht. Es war eher so, dass es in mir verborgene Überzeugungen und Gefühle aus der Kindheit wieder freigelegt hat.

Ich mache es kurz.

Über Rüdiger Dahlke und Thorwald Dethlefsen (Krankheit als Weg, die ersten 100 Seiten) und weiteren Lektüren, Seminaren und immer mehr eigenen Reflektionen reifte in mir die Überzeugung: Meine Eltern haben Mist gebaut.

Ich wollte es erst gar nicht wahrhaben. Meine Eltern? Unbestritten die Besten und Klügsten der Welt! So einen Bockmist? Wie konnten sie nur? Ich fühlte mich zutiefst betrogen.

Und doch war es so. Ich habe in absoluter Stille mehrere Tage gebraucht, das zu verstehen, zu verdauen und zu akzeptieren.

Und zu vergeben.

Ich bin ohne Gott (im Kopf) herangewachsen.

Marx, Engels, Lenin, Vati, Mutti, etc. aber ohne Gott. Mist Verdammter.

Das musste ich selbst geradebiegen. Ganz allein. Das will und muss ich jetzt wissen. Erfahren.

Die Suche beginnt.

ERWACHEN

Seit meiner Kindheit habe ich die mich umgebende Welt als etwas in sich Geschlossenes und miteinander Verbundenes wahrgenommen. Dazu gehörte dann etwas später auch die Erkenntnis, dass ich Teil von etwas Größerem war und allein überhaupt nicht existieren könnte. Luft, Wasser, Nahrung, Leben, Ausscheidungen, Sterben usw. haben sich stets nach dem Vollzug eines Kreislaufes angefühlt.

Und so wuchs schrittweise der Wunsch in mir heran, diesen Kreislauf nicht nur in seinen einzelnen Manifestationen erkennen zu können, sondern einmal das ganze Bild betrachten zu dürfen.

Als dann das gewaltige Thema Dualität für mich immer greifbarer wurde, gab es kein Halten mehr. Es musste eine Möglichkeit geben, die Welt nicht nur in ihren dualen Erscheinungsformen wahrzunehmen und zu sehen. Ich begab mich auf die Suche nach der Einheit, nach der Vereinigung der scheinbaren Gegensätze.

Ich verstand und verstehe den Begriff Erwachen als Einheits- oder Gottes-Erfahrung. Damit meine ich nicht das tiefe Verständnis oder das Wissen, dass es so etwas geben muss, sondern ein Erlebnis, das einmal sehen und erfahren zu dürfen, so dass keinerlei persönlicher Zweifel bleibt, dass es die Einheit oder Gott wirklich gibt.

Was geschieht da?

Im Wesentlichen geschieht ein teilweiser oder kompletter Verlust der eigenen Persönlichkeit. Das bedeutet, dass sich einige oder alle Aspekte des ICH´s/Ego´s auflösen.

Hierzu gibt es verschiedene und vielfältige Schilderungen von erwachten/erleuchteten Menschen. Das reicht von einem Ego-Verlust an einer Bushaltestelle bis hin zu Siddharta Gautama alias Buddha und seinen Erkenntnissen unter dem Baum.

Im obigen wesentlichen Ergebnis sind sich allerdings alle einig.

In der Folge schildern alle eine neue, ungewohnte Sichtweise auf alles, was ihnen begegnet.

Wie hat sich das bei mir angefühlt?

So wie viele andere spirituell suchende Menschen machte ich mich kundig, mit welchen Übungen und Meditationen, Tätigkeiten oder Gedanken ich nun an mein Ziel kommen und endlich erwachen kann.

Seltsamerweise kam immer dieselbe Information:

Das geht nicht.

Wenn es geschieht, ist es Gnade.

Na toll.

Rumhocken und warten? Naja, nicht ganz.

Immer wieder und immer tiefer wuchs in mir die Erkenntnis, dass ein Erwachen, so wie ich es haben wollte, niemals eintreten kann. Und das hat einen einfachen Grund: MICH.

Mein Ego hat eine Vorstellung von etwas, was nicht vorstellbar sein möchte. Und mein Ego will etwas haben, was nicht zu haben ist.

Und so gab es nur einen Weg, ich musste mein Ego herunterfahren, zum Stillstand bringen und nicht mehr wichtig nehmen. Mit verschiedenen Meditationen und regelmäßigem Floaten (Schwebebad) bekam ich etwas Übung und eine gewisse Routine in ICH-losen Zuständen und wie ich sie herbeiführen konnte.

Und das Wichtigste dabei war, ich vergaß meinen eigentlichen Wunsch und hörte auf, danach zu streben.

Am 04.03.2007 ging ein dreitägiges Tantra-Seminar zum Thema Polyamorie mit einer Meditation zu Ende.

Eigentlich war ich von dem Seminar ziemlich enttäuscht und ließ mich in die Meditation fallen.

Das letzte, woran ich mich noch bewusst erinnere, war ein Bild, in dem ich mich von oben auf einer geschlossenen Wolkendecke laufen sah. Unter meinen Füßen war eine spürbare, aber nicht sichtbare Mauer. Dann durchströmte mich eine unfassbar intensive Energie, die meinen Körper auf der Vorder- und Unterseite komplett öffnete und mir jegliche Kontrolle entriss. Das war nichts feinstofflich subtiles, sondern ziemlich brutal und ließ keinerlei Gegenmaßnahmen zu. Ich konnte nur noch geschehen lassen.

Dann begannen mir die Tränen zu kullern. Ich saß immer noch im Meditationskreis und heulte wie ein Schlosshund. Es wurde immer schlimmer. Auf der anderen Seite geschah aber etwas ganz Wunderbares. Es fühlte sich richtig an, es befreite mich, ich (oder besser:

mein ICH) floss richtig von/an/in mir herunter. Wie ein großer Wasserbehälter (die in Amerika, in den Western), der sich immer schneller entleerte. Das alles war total außerhalb auch nur der geringsten Möglichkeit, darauf Einfluss nehmen zu können.

Hier geschah die Kernerfahrung.

Es fühlte sich an, als wenn man den Kopf in einen Hochofen (Wirklichkeit) steckt und mit den Füßen in einem Kübel Eiswasser (Realität) steht. Es zerreißt einen förmlich. Aber das auf eine so liebevolle Art, das man einfach zerrissen werden möchte. Das ganze Universum offenbarte sich als lebendiges, intelligentes und bewusstes Wesen und nahm mich an die Hand, als wollte es mir genau mit dieser Erfahrung ein Geschenk machen. Dieses Geschenk bekommt nicht jeder. Das war mir schon vorher klar.

Und nur einen kleinen Moment lang bekam ich ... (ich finde keine Worte), den Eindruck, Stempel, Einblick, Durchblick.... dass alles, was ich bisher dachte, schon irgendwie stimmt, aber nichts mit der Wirklichkeit zu tun hat.

Mein bisheriges ICH wurde als „kleiner Spaß am Rande" akzeptiert, kurz liebevoll belächelt und dann zerfetze es mich und ich verschmolz mit dem ganzen Universum. Ich war nicht mehr ein Teil davon, sondern ich wurde Eins damit. Und es war selbstverständlich, schon immer so und wird für immer so bleiben.

Unendliche Demut, Dankbarkeit und Liebe als universelles Prinzip durfte ich fühlen.

Und etwas Trauer. Dass das nur Wenige sehen können/wollen.

Sofort war ich wieder drin, Liebe und Weite, Unendlichkeit, ohne Ende. Zum Schluss durfte ich mir ganze Galaxien und den Urknall (und was davor war) anschauen....

Irgendwann kam eine Kugel zu mir gerollt, damit ich im Kreis etwas zum Seminar sage. Das war so üblich. Natürlich bekam ich kein Wort heraus und schob die Kugel irgendwie zurück in den Kreis. Die Teilnehmer hatten aber auch so schon mitbekommen, dass da etwas im Gange war.

Meiner Frau konnte ich noch irgendwie verständlich machen, dass ich jetzt nicht angesprochen werden kann, weil ich total geöffnet und damit sehr verletzlich, besser gesagt, empfindlich war.

Ich war ganz woanders.

Selbst denken wollte und konnte ich nicht mehr. Dann existieren nur noch Fragmente und Berichte.

Das Nächste, woran ich mich erinnere, ist der Sekundenzeiger auf meinem Laptop. Mit außerordentlicher Verwunderung nahm ich zur Kenntnis (anfangs noch sehr ungläubig, dann immer klarer), dass die Uhr läuft. Dann dämmerte mir der Gedanke, dass ich noch lebe. Mein vertrautes Wohnzimmer war mir vollkommen fremd. Ich erkannte zwar alles, aber es war nichts mehr, wie es vorher war.

Dann erfuhr ich von meiner Frau, dass ich zwei Tage lang fast nur geweint und manchmal auch herzhaft gelacht habe, aber immer irgendwie glücklich und erlöst dabei aussah.

Mein Fazit lässt sich nicht mehr in Worten, sondern nur noch in Metaphern, Gleichnissen und Bildern darstellen und zusammenfassen: Letztlich hat mich eine Hand gegriffen und in eine Dimension ent-/geführt, mir Dinge gezeigt, die ich im wahren, ganzen Ausmaß, in der Fülle und Vollkommenheit so nie für möglich gehalten habe. Es ist nicht der Tropfen in den Ozean gefallen, sondern der Ozean in den Tropfen. Die Formulierung ist nicht von mir sondern von Edgar Hofer, aber ein besseres Bild habe ich nie dafür gefunden.

Es war, als würde die Hand mir sagen: Komm mit und schau mal an, was ich in 13,7 Mrd. Jahren so getrieben und geschaffen habe. Und ich durfte erfahren, dass Intelligenz nur in der Akzeptanz der eigenen Unzulänglichkeit, Begrenztheit und Vergänglichkeit einen Sinn ergibt. Es gibt hoffentlich viele Menschen, die schlau genug sind, dass sie eine Ahnung davon bekommen und akzeptieren, wie wenig sie wissen und wie viel sie wirklich sind.

Sicher kann ich nur sagen, dass nichts (aber auch gar nichts) mehr ist, wie es einmal war. Besser ausgedrückt: wie es einmal ausgesehen hat.
Alles verliert seinen Anschein, seine Bewertungen, seine Bedeutung und seinen Sinn. Buchstäblich alles (auch wenn dieser Prozess einige Monate und Jahre dauern kann).
Aber alles gewinnt auch an neuen Aspekten, Unendlichkeit, Gleichgültigkeit und Magie. Alles wird mit einem Schlag anders, sinnvoll, plausibel und wunderbar.
Auch ich (also was davon noch übrig ist).

Was ändert das am täglichen Leben?
Ganz kurze Antwort:
Alles und nichts.
Banalitäten werden zu Wundern und Wunder werden zu Banalitäten.
Ganz einfach, weil beides auch schon immer das andere war.
Achso, nicht zu vergessen: Liebe bekommt eine ganz andere Dimension und Daseinskraft.

Das Wichtigste und Eindrucksvollste war allerdings, dass plötzlich beide Welten (Wirklichkeit und Realität) fried- und liebevoll nebeneinander und gleichzeitig sein durften. Es gab keine Unterscheidung, keine Türen mehr dazwischen. Die Gotteswelt (Wirklichkeit) wurde zu einem selbstverständlichen und vertrauten Raum, in dem ich mich ganz normal und sicher bewegen kann.

Was ändert es nicht?

Ganz banale Dinge des Lebens laufen natürlich weiter. Sie sehen nur nicht mehr so banal und eintönig aus. Essen, Trinken, Atmen, Lieben, Arbeiten, Urlaub, Medien usw. sind und bleiben präsent. Aber die Fülle und Vollkommenheit, die universellen Bezüge dieser Banalitäten lassen das alles viel intensiver erscheinen.

Die Sonne geht auf und unter. Aber jeder Blick und Gedanke in diese Richtung ist unendlich intensiver.

UND NUN?

Wie oben beschrieben, verliert das eigene Ego/Ich seine Struktur und Daseinsberechtigung.

Es (ich) stirbt einfach. Und das ist in Ordnung so.

Zurück bleibt eine unendliche Leere. Stille. Frieden... Und das kann immer so weiter gehen.

Nur ein Beispiel dafür sind die erleuchteten Männer in Indien, die am Straßenrand sitzen und die Hand für ein paar Almosen aufhalten. Die sind übrigens dort sehr hoch angesehen.

Ich habe eher eine Million ungeordnete Legosteine gesehen, aus denen mein bisheriges Leben bestand. Diese lagen nun einzeln und total durcheinander im ganzen Zimmer verteilt herum.

Da kam mir folgender Gedanke:

Wenn doch das Weltbild eines jeden Menschen nur aus diesen Bausteinen besteht, diese aber meist nach den Vorstellungen anderer Menschen zusammengesetzt sind... und meins nun sowieso in Trümmern liegt...

Wieso dann nicht die Steine nehmen, zweimal umdrehen und so zusammensetzen, dass es für mich angenehm, lustig, schön, plausibel und einfach ist?

Dann der zweite Gedanke:
Ich habe so viele erwachte und erleuchtete Menschen getroffen, die hatten immer ein Grinsen im Gesicht. Sie lebten in derselben Welt wie alle anderen Menschen.
Wie machen die das?

Dann dämmerte es mir:
Die Welt ist wie sie ist. Und ich auch.
Ich schaue nur dahin, wo es etwas für mich Angenehmes zu ernten und mitzunehmen gibt.
Und dieser Fundus ist unendlich.
Übrigens ist dieser genauso unendlich, wie das Elend in der Welt.
Aber das nur am Rande.
Das Einzige, worauf ich seit 13,7 Mrd. Jahren wirklich Einfluss nehmen kann, ist meine Wahrnehmung. Das war ein Erdrutsch.
Also nutze ich dieses einmalige Geschenk.

Das klingt ein bisschen nach Pipi Langstrumpf. Soll es auch.
Aber nicht aus kindlicher Unbekümmertheit heraus, sondern aus wiedererlangter Weisheit.
Ich nenne es gern: Blitzgescheite Gelassenheit.
Das Ergebnis ist das Gleiche.

Ein Leben in innerem Frieden und mit viel Freude. Abends grinsend einschlafen und morgens grinsend aufwachen. Immer zu wissen: Wer bin ich, was kann ich, was will ich und was braucht der Andere. Das ist es.

So entstand mein eigenes Weltbild als eine mögliche Variante, die recht gut funktioniert. Aus dieser Sichtweise heraus beantworte ich die folgenden Fragen.

Übrigens hat mich viele Jahre vom Schreiben dieses Büchleins der folgende Gedanke abgehalten:

Sobald ich eine Frage beantwortet habe kommen mir schon wieder andere Möglichkeiten in den Sinn, die meine ursprüngliche Antwort unfertig oder überflüssig machen.

Also sind die Antworten bitte nur als Momentaufnahmen zu betrachten. Und manchmal auch nicht sofort in ihrer ganzen Tiefe zu erfassen. Hier bitte ich um Nachsicht.

Für mich und den Leser.

Mein Weltbild basiert auf den folgenden 7 Grund-Erfahrungen:

1. Alles ist Eins (also Universum = Ich = Gott = Alles = Du = Nichts etc. und umgekehrt)
2. Was immer wir wahrnehmen, ist nur ein winziger Teilaspekt des Ganzen. Also bitte nicht ernst nehmen.
3. Die Grundbausteine des Universums sind Raum, Zeit und Liebe.
4. Es gibt nur ein ewiges Hier und Jetzt. Alles andere sind Illusionen, Irrtümer und Konzepte.
5. Es ist alles in seiner Ordnung, so wie es ist.
6. Nichts ist, wie es scheint.
7. Wenn etwas stimmt, ist immer auch das Gegenteil richtig.

Darauf baut sich alles auf und darauf lässt sich alles zurückführen.

Wie im Vorwort bereits angemerkt:
Es ist ein Angebot.

In jedem Fall wünsche ich Dir bei der Lektüre viel Freude, Erkenntnisse und Schmunzeln.
Smileys, Fett- und Schrägschreibung habe ich mir verboten.
Sonst wäre das Büchlein doppelt so dick geworden.
Also bitte nach Gusto und Bedarf selbstverantwortlich und großzügig verteilen. 😊

Los geht´s.

DIE FRAGEN

Frage:
Gibt es ein Leben nach dem Tod?

Erster Impuls:
Eins? Millionen.

Erklärung:
Da fällt mir sofort eine andere Frage ein. Gibt es ein Leben ohne Tod?
Gibt es nach dem heutigen Tag noch einen Tag?

Wenn wir uns in diese Gedanken etwas fallen lassen und ihnen Raum
und Zeit geben, sie von unseren Ich-Anhaftungen befreien, betreten
wir einen neuen Saal, der tatsächlich Antworten hat.

Im Universum können wir seit dem Urknall beobachten, dass der
betrachtete Zustand immer nur eine zeitlich begrenzte Manifestation
des einen Ganzen ist. Diese unterliegt dem Gesetz der ständigen Ver-
änderung. Alles momentan Existierende ist das Ergebnis aller bisherigen Abläufe (seit dem Urknall). Noch nie hat das Universum auch nur
ein Atom verschwendet. Jedes einzelne wurde wieder mit anderen in
neuen Kombinationen verwertet.

Unser Leben ist also nur eine solche Momentaufnahme in der jetzt
existierenden Kombination der Elemente und Energien. Auch das
unterliegt einem ständigen Wandel und Austausch (Wachstum,
Stoffwechsel, Zellerneuerung, Absterben).

Anders gesagt: Unser Leben ist kein Zustand, der irgendwann endet,
sondern eingebunden ins Universum, nur unzulässig lange betrachtet
und "mein Leben" genannt wird (Ich-Anhaftungen).

Fazit:
Mein Leben begann nicht mit meiner Geburt oder Zeugung und en-
det ganz gewiss nicht mit meinem Tod.
Der Teil, den ich bewusst wahrnehme, aber schon.

Frage:
Ist das Leben vorherbestimmt? (Gibt es ein Schicksal?)

Erster Impuls:
Ja

Erklärung:
Wo, wie, wann und ob ein Mensch überhaupt geboren wird, darauf hat er keinen Einfluss. Auch Mutter und Vater haben keinen Einfluss darauf, welche Samenzelle das Ei befruchtet. Und wo dann die Fruchtblase platzt entscheidet über meine Staatsbürgerschaft. Dann kommen noch die ganzen Prägungen hinzu, die ich widerstandslos über mich ergehen lasse. Von allen anderen Einflüssen, Umständen, Menschen und dem Wetter, welche/s mein Leben bestimmt, will ich gar nicht erst anfangen. Insofern: Alles außerhalb meines Einflusses. Pure Willkür des spielenden und herum probierenden Universums. Keine Chance. Aber:
Das Ergebnis (also Du) beinhaltet stets zwei Aspekte, die nicht zu unterschätzen sind.
Zum einen sind das Träume, Wünsche, Hoffnungen und Sehnsüchte, die sich ausdrücken (gelebt werden) wollen.
Gleichzeitig sind im selben Paket (also Dir) auch immer die passenden Fähigkeiten, Neigungen und Talente versteckt, die dem ersten Aspekt genau entsprechen und den Ausdruck erst ermöglichen.
Wenn es nun den Menschen um Dich herum oder irgendwann Dir selbst gelingt, die zwei Aspekte zu erkennen und zu vereinen (also miteinander spielen zu lassen), stehen die Chancen sehr gut, dass es sich wie Dein Leben und eine angenehme Zeit anfühlt. Sonst nicht.

Fazit:
Na klar gibt es Schicksal. Das ist aber nicht automatisch ein Fluch. Einfach spielen und herausfinden. Schlau sein und Sehen lernen.

Frage:
Warum sind viele so gestresst?

Erster Impuls:
Das ist eine üble Angewohnheit

Erklärung:
Stress ist einer der größten Killer der Lebensqualität. Was aber am fatalsten an diesem Umstand ist, dass dieser Killer in uns selbst steckt und dort auch noch (von uns) gefüttert wird.
Da haben wir dieses einmalige und wunderbare Leben geschenkt bekommen und stecken die Hütte selbst in Brand.
Zurückzuführen ist Stress auf Denkfehler und Wahrnehmungsprobleme. Und wo finden die statt? Genau!
Jetzt steigen die Chancen auf Heilung beträchtlich.
Als Erstes sollte man sich klar machen, dass nicht der, die oder das mich stresst, sondern ich mich selbst stressen lasse. Das ist übrigens stets der erfolgversprechendste Weg: die Verantwortung (Zügel) selbst zu übernehmen. Wir sind es gewohnt, die Verantwortung oder Schuld ins Außen zu projizieren. Nur hilft uns das in keiner Weise weiter. Überhaupt nicht. Das können wir getrost knicken.
Wenn das verstanden ist, können wir die Werkzeuge auspacken und anfangen, das Problem zu lösen. Am besten geht das mit der Überzeugung, dass uns Raum und Zeit unendlich zur Verfügung steht. Das klingt im ersten Moment komisch, bei näherer Betrachtung stimmt es natürlich. Der zweite Schritt ist, sich auf das zu konzentrieren, was man gerade hier und jetzt tut. Bereits erledigte oder noch anstehende Aufgaben spielen überhaupt keine Rolle. Nicht mal im Hinterkopf. Das braucht etwas Übung, funktioniert aber erstaunlich gut.

Fazit:
Stress basiert meist darauf, dass die Marionette denkt, ihre Fäden sind die Zügel, mit denen sie ihr Leben steuert.

Frage:
Was ist mit dem ganzen Elend in der Welt?

Erster Impuls:
Ja sagen. Hinschauen.

Erklärung:
Es liegt in der Natur des Menschen, seiner natürlichen Verletzlichkeit etwas entgegen setzen zu wollen. Das ist der Egoismus. Der ist an sich nicht weiter verwerflich. Allerdings wurde er über die Jahrtausende kultiviert, salonfähig und instrumentalisiert. Er ist vollkommen normal geworden. Absurd.
Dann nennt man es noch die sieben Todsünden und schon weiß jeder, was er zu tun hat.
Dass diese allgegenwärtigen Weltbilder einerseits zu unermesslichem Reichtum und damit gesetzmäßig andererseits zu unendlichem Elend führen, liegt auf der Hand.
Solange die Umstände so sind, ist auch das Elend so in Ordnung. Nicht gut, wohlgemerkt. Aber in Ordnung. Sonst wäre es nämlich gar nicht so. Harter Tobak.
Nicht nur im Universum, auch auf unserer wunderbaren Erde sind Ressourcen, Wissen und Weisheit im Überfluss vorhanden, um allen Wesen ein angenehmes Dasein zu ermöglichen. Es spricht sich nur so schwer herum. Vielleicht ist der Leidensdruck noch nicht hoch genug, damit die alten Weltbilder als absurd und überholt durchschaut werden. Seit tausenden von Jahren wird gelitten, geherrscht, gekämpft und gemordet. Das Universum existiert seit 13,7 Mrd. Jahren. Und im letzten Jahrhundert wurden so viele Menschen durch Menschen getötet, wie in der ganzen Zeit zuvor zusammen nicht.

Fazit:
Eine Möglichkeit wäre: Augen, Verstand und Herzen öffnen. Zügel übernehmen. Wer hat denn wirklich viel zu verlieren? Die Armen?

Frage:
Was ist Blasphemie?

Erster Impuls:
Jedes Gebet

Erklärung:
Der liebe Gott schöpft seit 13,7 Mrd. Jahren nach Leibeskräften in und an der Weltgeschichte herum. Herausgekommen sind Universen, Galaxien, Supernovae, Sonnensysteme, Planeten, Monde, Leben, unsere von Wundern (und Wunden) übersäte Erde, Pusteblumen, Aldi und Du.
Kannst Du mal bitte den Gedanken zulassen, dass da einer ist, der weiß was er tut?
Auch in Deinem Fall?
Du bist kein Zufall. Kein Reinfall. Du bist hier, jetzt, so und wunderbar.
Und dann gehst Du hin und willst irgendetwas anders haben?
Nee, lieber Gott, mach das mal so oder irgendwie anders, das passt mir jetzt gerade so nicht, das will ich nicht, das aber schon. Noch ein paar Follower. Mach mal. Ich sag auch immer brav Amen. Und sag mal, sehe Ich gut aus? Sag doch mal. Menno...
Er so: Ist nicht Dein Ernst? Hinfort mit Dir. (Abgang)
Jedes anders sein wollen als hier, jetzt und so, ist allerfeinste Gotteslästerung. Eine Verballhornung und Nichtachtung des großen Spiels.
Wenn wir lernen, die Wunder und Wunden anzuschauen und begreifen, dass auch wir dazu gehören, dann könnte es funktionieren.
Solange wir uns gegen Irgendwas wehren, haben wir keine Chance.

Fazit:
Bitte einfach mal ausprobieren:
Ich bin hier, jetzt, so und gern.
Für die ganz Harten fügen wir noch hinzu: und gut, wie ich bin.

Frage:
Ist Selbstmord verwerflich?

Erster Impuls:
Nein

Erklärung:
Die Versuche, einen Suizid in irgendeine Schublade zu stecken, sind so alt wie die Menschen und reichen von aktiver Unterstützung bis zur ewigen Verdammnis. Allein das verdeutlicht die Schwierigkeiten, die damit verbunden sind.

Natürlich hat jeder Betrachter mit seinem Standpunkt Recht und wahrscheinlich sehr gute Gründe dafür. Genau wie der Selbstmörder. Denn auch hier gibt es unendlich viele Varianten.

Mein erster Impuls kommt aus der Erfahrung, dass jede Tat eines Menschen aus einem Grund und Antrieb heraus geschieht, also zu respektieren ist. Egal, wie ich darüber denke.

Die Suche nach seinen Motiven und Antrieben kann mich nur reicher machen. Ich würde dem Toten und seinen Beweggründen mit Respekt und Liebe begegnen.

Gleichzeitig gebietet eine spirituelle Betrachtung auch die Erkenntnis, dass ein ganzes Universum aufgelöst wurde. Wenn der Selbstmörder das vorher weiß, akzeptiert und liebevoll damit umgehen kann, umso besser. Wenn er sich blind in den Tod stürzt, ist es auch in Ordnung.

Vor einigen Jahren durfte ich Zeuge des liebevollsten Berichts über einen Suizid sein, den ich je gehört habe. Es war die pure Liebe.

Da dachte ich bei mir: Wenn, dann genau so.

Fazit:
Die Schublade sagt etwas über den Betrachter aus, nicht über den Inhalt.

Frage:

Wie kann ich mich am besten entwickeln?

Erster Impuls:

Die Richtung ändern

Erklärung:

Allgemein anerkannt verstehen wir unser Leben als einen Entwicklungsprozess von der Geburt bis zum Tod. Wir wachsen, lernen, sammeln Erfahrungen und entwickeln uns so immer weiter und werden besser und besser. Vollkommener. Das ist soweit plausibel.
Andererseits birgt dieser Prozess aber auch die Gefahr, Freiheiten, Sichtweisen und Möglichkeiten zu verlieren. Denn jede Erfahrung sagt uns ja: So ist es richtig oder falsch.
Daher lohnt sich einmal der Blick auf das Wort „ent-wickeln".
Da liest sich sehr leicht ein Prozess heraus, der eher ein Heraus-Wickeln bedeuten kann.
Vielleicht geht es gar nicht darum, sich noch mehr in seine Erfahrungen, Sichtweisen, Wertvorstellungen zu ver-wickeln und somit immer unbeweglicher zu werden sondern genau um das Gegenteil.
Eine gute Möglichkeit wäre: Jetzt und hier innezuhalten.
Nun schaut man etwas in der Zeit zurück und sucht eine Entscheidung, die zur jetzigen Situation geführt hat und damit eine oder mehrere Möglichkeiten als Weg ausgeschlossen hat.
Jetzt „entwickeln" wir uns aus der jetzigen Situation und probieren einen von uns ungelebten Weg aus. Das bietet außer neuen Erfahrungen auch die Möglichkeit, eigene Glaubenssätze und Lebensregeln wieder zu verändern.
Und das ist aus meiner Sicht die spannendste Form der Freiheit.

Fazit:

In den Worten, die wir daher sagen, steckt oft mehr Wahrheit, als auf den ersten Blick sichtbar ist. Ein Zweiter lohnt sich immer.

Frage:
Was ist der Unterschied zwischen Wirklichkeit und Realität?

Erster Impuls:
Ich

Erklärung:
Auf den ersten Blick scheint da kein großer Unterschied zu sein. Da ist er wieder, der erste Blick. Aber wie so oft lohnt sich auch hier ein zweiter Blick, der dann Erstaunliches hervorbringt.
Die beiden Begriffe bezeichnen in der Tat zwei vollkommen verschiedene Dinge. Und es ist sehr wichtig, für und in unserem Leben, die beiden Dinge trennen zu lernen.
Die Wirklichkeit ist der Zustand des Universums (unserer Umwelt) so, wie es jetzt ist. Mit all seinen innewohnenden Abläufen und Gesetzmäßigkeiten, die seit Anbeginn des Universums wirken.
Hier wird schon ein wenig deutlich, dass es dabei unerheblich ist, ob wir existieren, das sehen oder verstehen. Es ist die Welt, wie sie ist und wirkt.
Die Realität ist unser Königreich (interessanter Bezug: Real-König). Das bedeutet, dass die Realität ein Abbild der Wirklichkeit ist, welches nur in unserem Bewusstsein entsteht. Hierbei durchläuft die Wirklichkeit unter anderem die Filter unserer Sinnesorgane (die nun überhaupt nicht alles wahrnehmen können, was ist), unserer Erwartungen, unserer Erfahrungen, Wertvorstellungen und so weiter. Dass da nur ein mickriges Zerrbild der Wirklichkeit entstehen kann, versteht sich von selbst. Und der Zerrspiegel sind wir.

Fazit:
Wir sind von Illusionen gefüllte und geführte Wesen.
Auch wenn sich die Erde dreht und die Sonne in Wirklichkeit nicht untergeht, darf es trotzdem ein wundervoller Sonnenuntergang sein.
Schon wieder schlau sein und Sehen lernen.

Frage:
Macht Weisheit einsam?

Erster Impuls:
Überhaupt nicht

Erklärung:
Einsamkeit scheint ein zunehmendes Phänomen und mit mächtigen Ängsten verknüpft zu sein. Dabei sind Ängste auch eines der Hauptwerkzeuge der Herrschenden, Ihre Untergebenen steuerbar und gefügig zu halten. Aber das nur am Rande.
Einsamkeit wird oft mit einem Zustand an Verlorenheit, Hilflosigkeit, sozialem Verlust und Liebesentzug gleichgesetzt und somit als Vorstufe zum Sterben betrachtet. Mumpitz.

Jetzt schlägt die Stunde der Weisheit.
Weisheit bedeutet sinngemäß, viel sehen, hören, spüren, fühlen, verstehen und bewegen können. Also verliert die Einsamkeit (wie alles Andere auch) ihren Schrecken. Weil ich niemals verloren, hilflos und ohne Liebe bin. Das war ich noch nicht eine Sekunde meines Lebens. Vielleicht habe ich es vergessen oder zugeschüttet. Oder mir fehlt die Fähigkeit, das zu sehen und zu spüren, weil mein Leben scheinbar in einer kleinen Kiste stattfindet.
Das ändert aber nichts an der Aussage.

Ich bin im Wesentlichen allein.
All-Ein.
Egal, ob 30 Enkel um mich herum hüpfen, ich als Asket in einer Felshöhle bei Wasser und Brot hocke oder den Zara-Einkauf poste. Naja.
Weisheit gibt mir immer ein tiefes Gefühl und die Gewissheit, angenommen, verbunden, geborgen und unbegrenzt zu sein.

Fazit:
Fürchtet Euch nicht.

Frage:

Wie verhält es sich mit dem Streben nach Glück?

Erster Impuls:

Keine gute Idee

Erklärung:

Das Streben nach Glück ist wohl in jedem Menschen tief verankert. Sicher definiert da jeder Mensch etwas anderes hinein aber im Grunde sind sie sich schon irgendwie einig. Alle wollen auf die eine oder andere Weise glücklich sein (meistens werden).

Dabei werden zwei Kleinigkeiten übersehen:

Eins der wichtigsten spirituellen Prinzipien ist das Sein im Hier und Jetzt. Aber das Streben nach Glück (oder etwas beliebig anderem) ist immer eine Bewegung weg vom Jetzt/Hier/mir. Das Universum hat 13,7 Mrd. Jahre gebraucht, um diesen Zustand (also Hier und Jetzt) genauso herzustellen, wie er ist.

Also ist es meine Aufgabe, zu verstehen, dass im Hier und in mir bereits alles vorhanden ist, was ich brauche. Das mag etwas knifflig sein, stimmt aber.

Ergo: Das Glück ist niemals morgen, nächstes Jahr oder irgendwo anders. Es ist immer präsent und zu finden im Hier, Jetzt und mir.

Die zweite nicht unerhebliche Kleinigkeit ist der Dualität geschuldet. Wenn ich aus dem Hier und Jetzt heraus in eine Richtung strebe oder gehe, entsteht auf der anderen Seite gesetzmäßig ein polares Gegengewicht, um das Gleichgewicht zu halten. Ein Streben nach Glück produziert zwangsläufig (auch) das Gegenteil. Das wird gern vergessen.

Fazit:

Die Suche nach dem Glück sollte durch das viel einfachere und entspanntere Finden des Glücks im Augenblick ersetzt werden.

Davon gibt es jeden Tag so viele wie ich möchte. Es ist einfach da.

Frage:
Was ist Dualität?

Erster Impuls:
Gleichgewicht

Erklärung:
Eine sehr wichtige und immer wiederkehrende Rolle im spirituellen Leben und nicht nur da spielt die Dualität.
Sie besagt im Grunde: Unser duales Bewusstsein teilt bei der Wahrnehmung das Universum in zwei Teile auf. Diese zwei Aspekte sind aneinander gebunden, gegensätzlich und können unabhängig voneinander nicht existieren.
Schatten gibt es nur weil es Licht gibt, Männer nur weil es Frauen gibt und umgekehrt natürlich, Einatmen geht nur mit Ausatmen, Leben ohne Tod ist nicht möglich, Reiche und Arme und so weiter.
Und diese beiden Aspekte streben immer zum Gleichgewicht.
Fällt irgendein Aspekt weg, verschwindet der Gegenpol automatisch!
Entsteht ein Aspekt, muss der Gegenpol auch entstehen.
Nun wird es etwas schwieriger:
Dieser Logik folgend muss es ein Gegenpol zur Dualität geben, da sie sonst nicht existieren könnte. Das ist die Non-Dualität.
Da unser Bewusstsein aber nur dual wahrnehmen kann, ist die Non-Dualität für uns einfach nicht zu verstehen, zu begreifen, zu sehen.
Wir haben zwar eine Ahnung, dass da etwas sein muss, es bleibt uns aber für immer verborgen. Aber wir haben natürlich Namen dafür erfunden: Gott, Einheit, Nirvana, Jenseits, Seele, Tao usw. Das meint immer das Selbe für uns nicht wahrnehmbare, ungeteilte Eine-Ganze.

Fazit:
Dualität & Non-Dualität ist ein unendliches Thema. Aus diesem ergibt sich übrigens sehr leicht die Formel: Gott = Ich = Universum = Du = Alles = Nichts…

Frage:
Was ist Angst?

Erster Impuls:
Lähmende Enge im Kopf

Erklärung:
Der Begriff Angst lässt sich recht plausibel aus dem lateinischen „angustus" herleiten, was so viel bedeutet wie: eng, beklemmend. Und damit ist auch schon sehr viel gesagt. Angst fühlt sich immer irgendwie einengend an und bewirkt eine gewisse Ausweglosigkeit, Starre oder Beklemmung. Es fühlt sich einfach unangenehm an. Wobei sich die eigentliche Enge direkt aus einer gewissen Engstirnigkeit (Kleindenken) ableitet. Unser Bewusstsein ist einfach zu klein.
Was ist Angst aber nun wirklich? Der erste spirituelle Impuls sagt, es ist ein Hirngespinst! Der zweite allerdings sagt das Gleiche. Dann folgen wir doch einmal diesem Impuls. Wenn wir Angst verspüren, ist es in aller Regel die geistige Vorstellung von etwas, das noch nicht eingetreten ist, aber eintreten könnte und das wir so nicht haben wollen. Aber im Kopf lassen wir es zu, also ausschließlich in unserer Vorstellung. Es ist also immer eine Vorstellung, dass etwas passieren oder eben nicht passieren könnte, was wir so (nicht) haben wollen.
Es gibt 3 „schnelle" Wege, der Angst zu begegnen:
- Hier und Jetzt sein - Das ist der einfachste Weg. Spüren, dass die gefühlte Angst mir soeben einen Streich gespielt und meine Aufmerksamkeit in eine spekulative Zukunft entführt hat.
- Das Hirngespinst durchschauen und damit entmachten.
- Der göttlichen Seelenverbindung gewahr sein (siehe: Seele)

Fazit:
Sei gelassen, locker, vergnügt, weise und aufmerksam.
Trotzdem: Lass hin und wieder Angst bewusst zu und übe Dich im Umgang mit ihr (Dir). Sie ist ein guter Lehrer. Mehr nicht.

Frage:
Was ist Seele und wie funktioniert sie?

Erster Impuls:
Permanente Verbundenheit

Erklärung:
Das ist das einzige Thema, bei dem ich nicht ohne Illustration auskomme. (Siehe Titelseite, von mir entworfen)
Auch hierzu gibt es natürlich viele verschiedene Sichtweisen. Meine
Erfahrung ist, dass jeder Mensch einen Teil der großen (universellen,
einen) Seele bekommt, die ihn stets in Verbindung mit seiner göttlichen Herkunft hält. Die Seele ist somit ein ständig geöffneter Kanal
zum Universum, der in beide Richtungen Energie und Informationen
(Akasha) fließen lassen kann. Und hier wird deutlich, dass wir stets
mit dem Einen und somit auch mit Allem verbunden sind. Auch (und
vor allem) mit allen anderen Seelenaspekten, z.B. Mitmenschen.
Trennung ist eine Illusion. Wenn auch eine sehr hartnäckige.
Hier sei kurz angemerkt, dass die Trennungs-Illusion häufig mit „Alleinsein"- Gefühlen wahrgenommen wird. Was für ein herrlich-
himmlischer Irrtum? Bei genauer Betrachtung des Bildes sollte auffallen, dass das „Allein" in Wahrheit und Wirklichkeit ein All-Eins ist.
Hier entsteht übrigens auch das „Tat Twam asi", weil alles scheinbar
neben Dir Existierende über diesen Kanal auch nur Du bist.
Nur am Rande: „Liebe Deinen Nächsten (wie Dich selbst)" bekommt
hier wieder seine ursprüngliche Bedeutung. Denn das bist auch Du.
Du kannst also in allem, was Dir begegnet, immer nur Dir selbst begegnen.

Fazit:
Es liegt in unserer Verantwortung, diese universelle Verbindung (unseren Teil der Seele) zu sehen, zu spüren, zu pflegen, zu hüten und zu
lieben. Und zu nutzen.

Frage:

Was war vor dem Urknall?

Erster Impuls:

Eine ganze Menge

Erklärung:

Ich hatte ja in „Meine Suche nach Gott" erwähnt, dass ich bei meiner Erfahrung und auch manchmal danach einen kurzen Blick auf das Geschehen vor dem Urknall erhaschen durfte. Ich gebe zu, dass das zu meinen interessantestes Einblicken gehört. Wann immer wir zu Hause Dokumentationen über das Universum sehen und die Sprache auf den Ursprung kommt, sage ich gern zu meiner Frau: „Die haben keine Ahnung, was da los war. Die sollen mich einfach mal anrufen." Spaß beiseite. Was habe ich gesehen?
Unser Urknall ist nur ein kleiner Böller in einem permanenten Feuerwerk. Es knallte und blitzte an allen Ecken. Die meisten Blitze waren aber nur von kurzer Dauer und verschwanden schnell wieder. Das Erstaunlichste war aber die Ruhe, die dabei herrschte. Es waren keine richtigen Knaller, eher Schockwellen. Es war also ganz still. Einige wenige der Explosionen breiteten sich aber aus. Erst langsam und dann immer schneller. Das ist immer so, wenn sich schwarze Löcher irgendwann überfressen haben. Sie werden instabil und platzen einfach. Wie eine Kugel in einem Gewehrlauf beschleunigt sich dann die Ausdehnung. Unser Universum befindet sich noch im Lauf. Es ist aber nicht die Kugel sondern die Treibladung. Die immer noch anhaltende Beschleunigung ist daher nicht verwunderlich. Ich bin kein Astrophysiker, ich habe es nur gesehen.

Fazit:

Unser Universum ist unvorstellbar groß, komplex und wunderschön.
Es ist aber nicht das einzige und schon gar nicht das erste.
Unsere Formeln sind immer nur so schlau wie wir.

Frage:
Wie werden meine Kinder gute Menschen?

Erster Impuls:
Komische Frage

Erklärung:
Das ist vielleicht die Frage, die mich am tiefsten von allen berührt.
Weil ich glaube, dass sie alle Mamas und Papas seit jeher bewegt.
Hoffentlich.
Vor vielen Jahren hörte ich einmal ein kleines Mädchen an der Wiege
ihres neugeborenen Brüderchens sagen: „Ich beneide ihn. Er ist noch
viel näher bei Gott als ich." Das hatte was.
Die Kinder werden ungefragt in eine Welt geboren, die sie erst einmal
entdecken müssen. Und sie sind Meister im Entdecken.
Sie nehmen alles ungefiltert wahr und an. Haben aber schon die er-
wähnten Wünsche, Träume und die dazu passenden Talente und
Fähigkeiten in sich, um ihr Leben zu gestalten und sich auszudrücken.
Wir als Eltern sind am besten beraten, wenn wir diesen zarten Wesen
Raum, Zeit und Liebe geben. Dabei sollten wir ständig beobachten,
was die kleine Seele braucht, wo sie hin mochte und was ihr gut tut.
Das muss nichts mit unseren Vorstellungen und Prägungen zu tun
haben. Tretet in Kontakt mit den Kindern, fragt sie, spielt und lacht
mit ihnen. Statt besserwisserisch ihre Fragen zu beantworten, fragt
einfach zurück: Wie siehst Du das? Was meinst Du denn, warum das
so ist? Wie würdest Du das machen?
Gute Menschen (was immer das auch sein mag) könnt Ihr nicht aus
ihnen machen. Das bekommen sie ganz alleine hin. Aber in der Primärprägung könnt Ihr sie mit Werkzeugen ausstatten, die später
unendlich wertvoll werden: Raum, Zeit, Liebe und die Fähigkeit, mit
diesen Werkzeugen Menschen zu begegnen, sie zu lieben und Prob-
leme zu lösen.

Frage:
Haben wir einen Freien Willen?

Erster Impuls:
Nein

Erklärung:
Wie bereits im Thema „Ist unser Leben vorherbestimmt?" erläutert, entziehen sich die wesentlichsten und wichtigsten Entscheidungen, die uns nachhaltig prägen, unserer Kontrolle und Einflussnahme. In der Zeit der Primärprägung (also etwa von 0-2 Jahren) nehmen wir jeglichen Einfluss ungefiltert auf. Und das hat Folgen. Sowohl unsere Persönlichkeitsstruktur wie auch unsere Reaktionen auf Einflüsse von außen sind danach so tief in uns verankert, dass sie in ihrer grundlegenden Funktionsweise nicht mehr veränderbar sind. Hinzu kommt während der Sekundärprägung (also wenn wir den Begriff „Ich" lernen), dass diese Grundstrukturen mit meinem Ich-Bild untrennbar verknüpft werden. Hier entstehen die Filter, die alle Einflüsse danach automatisch sortieren und nur noch einen kleinen, von uns erlaubten Teil zu unserem einzigartigen Weltbild verdichten. Dieses besteht dann aus Filtern, Masken, Rollen, Ängsten, Vorstellungen, Hoffnungen, Wünschen, Erfahrungen, Bewertungen, Überzeugungen und Träumen, die wir einfach ICH nennen.
Wir sitzen in irgendeinem Jahrhundert, auf einem Planeten, in einer Stadt, in einem Lokal, vor einer Speisekarte und haben die Wahl zwischen den Dingen, die dort stehen. Wirklich Freier Wille? Eine gute Wahl vielleicht. Mehr nicht.
Wenn ich wirklich Freien Willen erleben möchte, ist es notwendig, den ganzen Weg zurück zu gehen. Eine Besinnung auf mein ehemals zur Welt gekommenes Wesen. Alles, was ich heute glaube zu wissen oder zu sein, ganz brutal in Frage stellen. Lebendig sterben.

Fazit:
Freier Wille ist eine Illusion. Kann aber wahr werden.

Frage:
Kriegt die Menschheit noch die Kurve?

Erster Impuls:
So nicht

Erklärung:
Seit Jahrtausenden leben und praktizieren die Menschen eine Gesellschaftsform, die auf Ausbeutung beruht. Sie heißt nur immer anders, ist aber im Wesen gleich.
Das liegt einfach daran, dass die im Thema „Haben wir einen Freien Willen?" erklärten Mechanismen unwidersprochen wirken.
Der Witz ist, dass sogar im Tierreich das Prinzip „Der Stärkere frisst den Schwächeren" zu beobachten ist und wirkt. Das ist durch die Evolution so entstanden, also plausibel und bewährt. Das muss so sein.
Und wenn wir uns umschauen und genau hinsehen, ist es genau so.
Unsere animalischen Triebe und Prägungen überstrahlen unsere wirklichen Möglichkeiten um ein Vielfaches.
Auf Teufel komm raus, verteidigen wir unsere wertlosen Ich´s. Wir toten, erobern, lügen und morden dafür. Wir sind im Wesen Tiere.
Unsere Zähne und Klauen heißen heute Raketen, Atombomben und Massenvernichtungsmittel(!) Allein das Wort lässt mich erschaudern.
Das ist eine Männer-Welt. Und das ist keine gute Idee.
Wenn wir Männer doch so klug und stark sind, warum lassen wir es dann nicht zu, dass die Mädels mit ihren Talenten und Instinkten unsere (männliche) Kraft und unseren Tatendrang weise und gefühlvoll in für uns Alle nützliche Bahnen lenken? Weil wir Angst haben.

Fazit:
Es ist nicht Fünf vor Zwölf.
Es ist halb Eins. Bitte Aufwachen. Es wird aber nur langsam hell.

Frage:
Leben wir in einer Demokratie?

Erster Impuls:
Ein gepflegter Lachkrampf

Erklärung:
Über dieses Thema ist bestimmt schon viel geschrieben und geredet worden. Ich hoffe, dass es nicht mehr viele Menschen gibt, die glauben, dass sie in einer Demokratie leben.
Wie seit Jahrzehnten immer wieder leicht zu sehen ist, leben wir in einer Diktatur. In der Diktatur des Kapitals.
Und dass wir wählen dürfen, ändert an der Diktatur überhaupt nichts. Und dass sie Soziale Marktwirtschaft genannt wird, auch nicht. Wer sich diese Begriffe ausgedacht hat, muss doch alle anderen Menschen für bescheuert halten. Wir nennen die Unterdrückung und Ausbeutung des größten Teils der Bevölkerung Soziale Marktwirtschaft. Selbst wenn es ein Witz wäre, wäre er nicht mal gut.
Durch die Wahlen ersetzen wir nur die lahmen Gäule vor der Karre durch adäquates Material. Und die Richtung geben die bestimmt nicht vor. Am eigentlichen Ruder sitzen ganz andere.
Nur zur Erinnerung: Der Staat ist das politische Machtinstrument der jeweils ökonomisch herrschenden Klasse. Schon vergessen?
Für die Menschen in diesem Land interessieren sich die Herrschenden naturgemäß nicht die Bohne. Alles nichts Neues.
Die durch die Menschen mit ihrer Arbeits- und Lebenskraft geschaffenen Milliardenwerte reißen sich andere schamlos unter den Nagel.
Andererseits scheinen sich beide Seiten damit arrangiert zu haben. Dann ist es ja wieder in Ordnung.

Fazit:
Das System, in dem wir leben, ist eine reine Diktatur des Kapitals.

Frage:
Wie alt bin ich?

Erster Impuls:
13,7 Mrd. Jahre

Erklärung:
In meinen Antworten nenne ich immer wieder gern diese Zahl.
Ich möchte kurz erklären, was es damit auf sich hat.
Damit ich geboren werde, haben meine Eltern einige (hoffentlich vergnügliche) Anstrengungen unternehmen müssen. Bei diesem einen Mal, als ich gezeugt wurde, standen meine Chancen ungefähr 1 : 1.000.000 (Eizelle : Samenzellen).
Das trifft aber ebenso auf die Entstehung meiner beiden Eltern zu.
Auch auf ihre Vorfahren und auf alle etwa 40.000 Generationen vor ihnen. Aber da ist noch nicht Schluss.
Sämtliche kosmischen Ereignisse seit 13,7 Mrd. Jahren mussten exakt so ablaufen, wie sie geschehen sind, dass sich Leben auf der Erde bilden konnte. Kleines Beispiel: 100 Mio. Jahre herrschten die Dinosaurier auf der Erde. Unsere Vorfahren waren die kleinen Säugetiere in den Erdlöchern. Wäre ein T. Rex auf seinem Weg durch den Wald auf das andere Erdloch getrampelt, wäre ich heute nicht hier.
Meine Existenz, mein Leben ist also in etwa so wahrscheinlich, wie dass ein Wirbelsturm aus ein paar Blechteilen einen Jumbo-Jet baut.
Diese Erkenntnis ist doch mal ein klein wenig Demut wert.
Das trifft übrigens auf die anderen Menschen und Wesen, die mit mir hier gleichzeitig auf der Erde sind, genauso zu.
Und nun fügen wir dieser Erkenntnis noch das Seelenbild hinzu.
Ich kann also kein Zufall sein.

Fazit:
Geboren wurde ich irgendwann. Auf der Welt bin ich schon immer.
Und bleibe das selbstverständlich auch.

Frage:
Was bedeutet Hier und Jetzt sein?

Erster Impuls:
Wirklich leben

Erklärung:
Ein Mönch sagte einmal sinngemäß: „Euer Problem ist, dass ihr zwar hier seid, aber in Gedanken noch oder schon wieder woanders."
Wir betrachten unser Leben immer als Zeitraum. Geburt, Wachsen, Werden, Vergehen, Tod. Das ist normal.
Aber eben nicht optimal. Wir glauben immer genau zu wissen, was bisher geschehen ist und was nun folgen wird. Nur wissen wir erstens nicht genau, was geschehen ist, weil ja unsere Wahrnehmung 99% der uns begegnenden Informationen ausblendet. Und zweitens sind unsere Erwartungen nur Hochrechnungen aus dem einen Prozent, welches von der Wirklichkeit übriggeblieben ist. Witzig. Oder?
Und nun verplempern wir eine große Menge Zeit mit Gefühlen und Gedanken an die Vergangenheit und mindestens genau so viel mit Gefühlen und Gedanken an die Zukunft, von der wir bestenfalls eine vage Vorstellung (dazu gleich mehr) haben. Natürlich haben all diese Dinge ihren Platz in unserem Leben, nur eben viel zu viel.
Wir vergessen dabei oft, dass diese Gefühle und Gedanken uns jetzt, in diesem Moment, und hier, an diesem Ort, bewegen und uns Aufmerksamkeit entziehen. Erschwerend kommt hinzu, dass es oft negative Energien sind, mit denen wir uns beschäftigen. Also produzieren wir unabsichtlich aber zuverlässig einen unangenehmen Moment.
Es macht also durchaus Sinn, dem Moment, so wie er gerade ist, meine ganze Aufmerksamkeit zu schenken und ihn für mich angenehm zu betrachten (siehe „Streben nach Glück").

Fazit:
Vergangenheit und Zukunft sind Hirngespinste.
Du lebst, fühlst, atmest und denkst immer nur jetzt und hier.

Frage:
Vorstellungen und Fantasie. Was ist der Unterschied?

Erster Impuls:
Bewusst und liebevoll gestalten

Erklärung:
Oft höre ich in Gesprächen oder lese das Wort „Vorstellung". Man stellt sich dieses und jenes vor, allein die Vorstellung schreckt ab oder ich stelle mir das wunderbar vor. Kennt das jemand?
Das ist eine sehr interessante Spielwiese. Denn allein das Wort sagt bereits aus, dass man vor einer Vorstellung vielleicht einmal kurz innehalten, stehen bleiben sollte.
Ich, oder besser mein Ich, stellt etwas vor das, was in Wirklichkeit ist. Wie eine geistige Spanische Wand, ein Bild, ein Brett, welches das eigentlich Existierende, Kommende verdeckt oder, im Falle von abschreckenden Vorstellungen, gar nicht erst geschehen lässt.
De facto machen also Vorstellungen wenig Sinn, weil die Wirklichkeit in ihrer Fülle, Vollkommenheit und Pracht gar nicht sichtbar werden kann. Geschweige denn, sie darf mal richtig loswirken.
Die Fantasie dagegen hat eine ganz andere Qualität. Sie ist das einfachste verfügbare Werkzeug, welches uns ermöglicht: Dinge zu erschaffen, zu erhalten und verschwinden zu lassen. Weil sie nichts vor die Wirklichkeit stellt, sondern diese als Quelle allen Seins angstfrei anzapft und sich lustvoll daraus bedient. Alles darf wirklich sein!
Zuerst entsteht eine Fantasiewelt, die sich mit der Zeit mehr und mehr materialisiert. Übrigens in jedem Menschen. Jeden Tag.
Die Welt ist das Ergebnis unserer Gedanken.
Es fehlt uns einfach an kindlicher Fantasie, um mit der Fantasie endlich ein für alle Wesen angenehmes Dasein zu gestalten.

Fazit:
1. Lasst uns von unseren Kindern lernen. Gut und visionär sein.
2. Fantasie-Universität gründen und Smartphones verbieten.

Frage:

Warum fühlen wir uns so zu Kindern hingezogen?

Erster Impuls:

Wir sehen uns selbst

Erklärung:

Jeder kennt vielleicht die Situation, dass sich die ganze Verwandtschaft über ein Bettchen mit einem Neugeborenen beugt und in komödiantenhafte Schauspielerei verfällt. Was hat es damit auf sich? Das ist ein ganz verblüffendes Phänomen. Denn in unserem Leben gibt es eine Zeit, an die wir uns nicht erinnern können, in der andere Menschen ungefragt Dinge mit uns gemacht haben, die wir nicht beeinflussen konnten und die uns für das ganze Leben extrem geprägt haben. Das ist ein richtiges schwarzes Loch für uns.

Anders formuliert: Wir kommen an ein Schachbrett, welches unser Leben ist, und die ersten 7 Züge sind bereits von anderen gemacht. Wir setzen uns hin und versuchen, das jetzt zu verstehen. Warum bin ich weiß? Warum spiele ich hier? Wie funktioniert das Spiel eigentlich? Mit oder gegen wen spiele ich überhaupt? Worum geht es? Wahrscheinlich brauchen wir mindestens 20-30 Jahre, um überhaupt zu verstehen, worum es wirklich geht. Wenn wir Glück haben.

Und dann kommt vielleicht ein eigenes Baby auf die Welt, in das wir total verknallt sind. Es ist das schönste Baby der Welt. Oder?

Jetzt stehen wir plötzlich vor der Aufgabe, die ersten 7 Züge für dieses Menschlein zu machen und haben nicht die leiseste Ahnung, was richtig ist. Und wir verstehen vielleicht mit etwas Glück, dass wir selbst da gerade vor uns liegen und uns Botschaften aus der Zeit senden, die uns in unserem Leben schlicht fehlt.

Wir haben hier die einzige Möglichkeit, ein ungeprägtes Wesen zu sehen. Uns, wie und was wir einst waren. Gott?

Fazit:

Springer nach d5... Schach!

Frage:
Was ist Nächstenliebe?

Erster Impuls:
Mich lieben

Erklärung:
Seit Jahrhunderten, ja Jahrtausenden wird Nächstenliebe gepredigt und herumschwadroniert, wir sollen unseren Nächsten lieben wie uns selbst. Das an sich ist ja nicht verwerflich und sogar eine tolle Idee. Es funktioniert nur nicht so richtig, weil von Anfang an ein Denkfehler darin schlummert.

Die meisten verstehen, dass es eine Aufforderung an mich ist, irgendwelche imaginären Nächsten zu lieben. Dann fallen uns unsere Eltern, Partner und Kinder ein.

Aber so ist es nicht gemeint.

Der Irrtum (eigentlich zwei Irrtümer) ist, dass wir unsere Person von den Nächsten trennen und das Selbst auf uns beziehen.

Nun bin ich kein bekennender Bibel-Fan. Aber in Johannes um halb elf (10,30) heißt es doch: „Ich und der Vater sind eins." Das haben wir aber schon gehabt, ich bin Eins mit allem, also auch mit meinen Nächsten. Ich brauche also gar nicht in der Gegend herum zu lieben, sondern beginne damit bei meinem Nächsten. Also natürlich bei mir. Wenn das geschafft ist, widmen wir uns mal dem Selbst.

Sobald wir das Wort hören, schauen wir auf uns. Allerdings ist das die falsche Richtung. Das Selbst in seiner reinsten Form ist das Universum. Wir können es auch mit Seele oder Gott gleichsetzen, also ziemlich genau das, was sich von unserem Ich unterscheidet. Wenn es uns also gelingt, uns als Mensch zu lieben und das dann auf das ganze Universum ausdehnen, ist es vollbracht.

Fazit:
Nächstenliebe hat ausschließlich etwas mit mir und meiner Fähigkeit (mich) zu lieben zu tun. Das ist einfach und sehr lohnenswert.

Frage:
Gibt es Außerirdische bzw. anderes Bewusstsein im Universum?

Erster Impuls:
Selbstverständlich

Erklärung:
Die Frage ist wohl so alt, wie die Menschen nach den Sternen schauen. Mathematisch ist sie ja sogar schon beantwortet worden. Es gibt Milliarden von Zivilisationen im Universum. Wobei es Überlegungen gibt, dass sämtliche Zivilisationen einfach nicht alt genug werden, um jemals einer anderen zu begegnen. Entweder die Lebensumstände ändern sich oder die Selbstzerstörungskräfte des Bewusstseins gewinnen die Oberhand. Egal.
Grundsätzlich sind alle Bausteine des Lebens und des Bewusstseins unendlich im Universum vorhanden. Und wenn die Ressourcen unendlich sind, Zeit und Raum, also Gelegenheiten, ebenso, ist es für mein Empfinden nur konsequent, dass irgendwo und irgendwann sich Umstände ergeben, die Leben und später auch Bewusstsein entstehen lassen. Was für ein Satz.
Wie ich bereits in meiner Erfahrung erläutert habe, ist das Universum ein lebendiges, bewusstes und intelligentes Wesen. Wir als Spezies sind ja nur eine Art Ableger davon. Und wir Individuen sind die Ableger der Spezies. Und allein davon laufen fast 8 Mrd. Exemplare auf der Erde herum. In diesem Moment. Okay, die Hälfte pennt gerade.
Jahrtausende lang dachten wir auch, es gibt nur eine Sonne. Bis wir feststellten, dass jeder Punkt am Himmel eine Sonne ist.
Wir brauchen keine Beweise dafür, dass etwas existiert oder möglich ist. Es ist sowieso schon immer alles vorhanden. Ohne unser Zutun. Und wenn unsere zwei ziemlich blinden Sehorgane es nicht sehen können, hilft vielleicht das Dritte Auge für den Anfang weiter.

Fazit:
Wir sind nicht die einzigen Lebensformen im Universum.

Frage:
Warum haben wir vergessen zu spielen?

Erster Impuls:
Haben wir nicht

Erklärung:
Als Kinder konnten wir das noch ganz selbstverständlich. Und die kleinen Kinder heute haben auch kein Problem damit. Es hieß, geh spielen und zack, waren wir weg.
Was haben wir getan? Ziel-, plan- und sinnlos haben wir uns mit Dingen beschäftigt, die sich einfach ergeben haben. Lagen Bausteine da, schön, ein Sandkasten, prima, Oma´s Knopfkiste, super, Steckdose und Stricknadel, Yippie-Ya-Yeah. Wir haben uns einfach inspirieren lassen und nichts erreichen wollen. Dabei sind unsere tollsten Kunstwerke entstanden. Erinnert sich jemand?
Was haben wir wirklich getan?
Wir sind im Augenblick, im Hier und Jetzt versunken. Das ist unser Wesen. Genau, wie das Universum. Es spielt seit 13,7 Mrd. Jahren nur herum. Gott hat keinen Plan. Er hat einfach losgeschöpft. Ups, plötzlich waren da Himmel und Erde. Dann hat er weiter gespielt. Und ein wahres Kunstwerk ist entstanden. Okay, ein paar Ecken und Kanten hatte es, aber die verschwinden mit der Zeit.
Es ist einfach die unbekümmerte Fantasie und das sich inspirieren lassen, was wir verloren haben. Besser gesagt, was uns abtrainiert wurde. Hol nicht das Spielen in den Alltag, sondern den Alltag in Dein Spiel zurück.
Das sollten wir rasch durchschauen können und uns die Zeit nehmen, uns zu erinnern. Die Fähigkeit zu spielen haben wir immer noch. Und die Zeit dafür ist unendlich vorhanden. Nimm sie Dir.

Fazit:
Hier und Jetzt. Du bist am Zug.

Frage:
Warum gibt es Mobbing?

Erster Impuls:
Schwarmblödheit

Erklärung:
Generell ist es ja so, dass alles, was existiert auch so in Ordnung ist. In seiner Ordnung. Trotzdem erlaube ich mir einige Gedanken zum Thema Mobbing. Das gibt es schon immer. Heißt u.a. Ausbeutung. Um Mobbing überhaupt möglich werden zu lassen, benötigt es Täter und Opfer. Wohlgemerkt beide.
Dabei sind die Täter so mickrige Geschöpfe, dass sie jemand Anderen brauchen, den sie runtermachen müssen, um sich wenigstens ansatzweise etwas Größe und Profil zu geben. Das tun sie ohne Sinn und mit noch weniger Verstand. Denn sie haben nicht verstanden, dass das Opfer immer auch sie selbst sind. Meistens treten sie auch noch im Rudel auf. Motto: 10 Trottel sind zusammen schlau.
Nur zur Erinnerung: Was ihr für (oder gegen) einen meiner geringsten Brüder getan habt, das habt ihr mir (und damit Euch) getan (etwas frei nach Matthäus 25,40).
Wie gesagt, gehört aber auch ein Opfer dazu. Sonst funktioniert das Spiel nämlich gar nicht. Hier ist es wichtig zu verstehen, dass das Opfer nicht gemobbt wird, sondern sich mobben lässt. Dass es unbedingter Teil des Geschehens ist.
Wobei wir wieder bei der Verantwortung für uns selbst sind (siehe Stress). Wenn ich diese Täter als Aspekte meines Selbst erkenne und sie dadurch verstehe, braucht es nur noch etwas Mitgefühl und Vergebung. Und einen gepflegten Abgang.

Fazit:
Täter und Opfer sind gleichberechtigte Figuren in einem Spiel.
Nimm einen von beiden vom Brett und das Spiel ist zu Ende.

Frage:
Kann ich vom Schach etwas fürs Leben lernen?

Erster Impuls:
Ohne Ende

Erklärung:
Ich bin zwar kein begnadeter Schachspieler, aber es bieten sich diverse Bezüge zum Leben einfach an.
Dazu gehört, dass, wenn wir an unser Spielbrett herantreten, also ein Ich-Bewusstsein entwickeln, bereits die ersten 7 Züge vorbei sind. Diese haben andere Personen für uns gemacht und sind für die restliche Partie absolut entscheidend und unumkehrbar. Die Fragen dazu sind elementar (siehe Thema Kinder).
Nicht umsonst wird es auch das Spiel der Könige genannt. Nicht, weil es die Könige spielen, sondern weil es so komplex ist und mit nur sehr wenigen Regeln auskommt.
Was ist nun das Ziel des Spieles (Lebens)?
Ich habe die Erfahrung gemacht, dass es zwar schön ist, wenn man eine Partie gewinnen kann, aber dann muss es auch einen Verlierer geben. Angenehmer ist es, wie bei den meisten Großmeister-Partien, wenn ein interessanter Kampf mit viel Hin und Her stattfindet und beide sich vollkommen erschöpft auf ein gepflegtes Remis und ein Bierchen danach einigen. Keiner hat verloren, aber alle gewonnen.
Interessant scheint mir auch, dass es zwar viele Standard-Abläufe gibt, aber wenn es etwas komplizierter wird, nehmen sich die guten Spieler alle Zeit und Ruhe, die sie brauchen, um über den nächsten Zug nachzudenken.

Fazit:
Wir spielen (leben) nicht nur gegen-, sondern viel mehr miteinander.
Großmeister des Schachs geben sich vorher und nachher die Hand.

Frage:
Was sind Follower?

Erster Impuls:
Keine Ahnung

Erklärung:
Ich bin online, also bin ich. Und ich habe x-zig Follower. Jesus hatte nur zwölf. Man bin ich wer. Könnte fast hinkommen. Es ist schon faszinierend, welche Blüten der technische Fortschritt treibt. Nie im Leben hätte ich mir dieses Ausmaß vorstellen können. Aber die jungen Menschen nutzten sofort alle sich bietenden Gelegenheiten. Echt großartig. Wirklich.
Andererseits. Vielleicht mal einen zweiten Blick wagen? Selbstdarsteller überall. Es wird nur das online gestellt, was die Anderen von mir sehen sollen. Was von mir online ist, das bin ich. Früher nannten wir so etwas Angeberei. Das ist nur die moderne Form davon.
Was für ein Theater. 23,5h Vorbereitung, 3 Minuten Posen (mehr ist es nicht) und nach Anerkennung lechzen. Im Ernst?
Dann schreibt bitte auch Theater und nicht Leben dran. Die Kasper auf der Bühne machen irgendwas und irgendwer klickt irgendwo hin und zieht weiter ins nächste Theater. Die Kasperpuppen freuen sich dann am nächsten Morgen über 12 neue „Follower". Autsch.
Und wenn die einem wirklich folgen würden, so auf der Straße, wäre man sicher manchmal froh, wieder allein sein zu dürfen.
Zurück zu Jesus. Wie das endete, wissen wir ja.
Im Ernst. Es ist natürlich so in Ordnung wie es ist und dazu ziemlich amüsant. Hoffentlich nimmt das niemand wirklich ernst.

Fazit:
Können die auch Schach spielen? Egal.
Nächstes Thema.

Frage:
Warum will eigentlich jeder glücklich sein?

Erster Impuls:
Fühlt sich natürlich an

Erklärung:
Da ist es wieder, das Glück. Wahrscheinlich neben Liebe und Gott eines der Themen der Menschen schlechthin. Versuchen wir es. Im Allgemeinen verbinden wir mit dem Zustand Glück ein angenehmes Gefühl. Das kann Erleichterung, Ekstase, Freude, Leichtigkeit, Vergnügtheit, Verliebtheit, Liebe und ähnliche Formen annehmen. Allesamt bescheren uns in dem Moment des Glücks ein angenehmes Gefühl. Das ist wichtig, deswegen sage ich es zweimal.
Dieses Gefühl wirkt heilend, erlöst uns und bringt uns in Kontakt mit uns selbst. Natürlich wird dieses Gefühl bei jedem Menschen durch etwas anderes ausgelöst. Aber immer sagt es etwas darüber aus, was dem Menschen im Innersten am meisten entspricht. Das Gefühl ist also eine Resonanz oder Harmonie unserer eigenen Grundschwingung. Deswegen fühlt es sich so leicht an.
Das will natürlich jeder haben, weil es angenehm ist, sich natürlich anfühlt. Mal nicht kämpfen müssen. Einfach geschehen lassen.
Nun scheinen diese Momente im Leben aber rar gesät zu sein. Mist. Krieg ich hier in diesen Tag noch irgendwie ein bissl Glück eingebaut? Das Dumme daran ist nur, dass all mein Bestreben davon ausgeht, dass ich im jetzigen Moment nicht in der Lage bin, mir ein angenehmes Gefühl zu verschaffen. Und das ist definitiv bescheuert. Das fällt einem nicht so einfach in den Schoß.
Um glücklich zu sein, muss man nämlich ziemlich schlau sein.

Fazit:
Glück ist ein Zustand, in dem ich mit mir in Resonanz bin.
Glück ist kein Gefühl, sondern eine Möglichkeit des Augenblicks.

Frage:
Ist es wichtig, was Andere über mich denken?

Erster Impuls:
Na klar

Erklärung:
Ups, ich bin mal anderer Meinung als der Mainstrom? Die klingt näm-
lich so: Lass Dich nicht beirren und pfeif drauf, was die Anderen über
Dich denken. Geh Deinen eigenen Weg! usw.
Ehrlich. Das glaubt Ihr doch wohl selber nicht?
Ich schätze, wenigstens jeder Zweite von Euch sagt jetzt mit einem
hämischen Grinsen: Na klar ist mir das wichtig.
Die andere Hälfte sind vielleicht Männer oder haben den Gag nicht
verstanden. Nun zu Dir.
Na sicher ist es wichtig, was Andere über mich denken. Das war es
schon immer. Und es interessiert mich (Frauen fügen im Kopf hinzu:
brennend) wirklich. Damit ich weiß, ob das, was ich hier tue, auch
jemandem gefällt. Wie: Mama, ich war lieb. Knuddel mich mal bitte!
Vielleicht sagt ja sogar jemand Dankeschön. Und sei es nur ein Lä-
cheln. Bitte. Das wäre jetzt schön. Kennst Du das Gefühl?
Ja? Herzlichen Glückwunsch. Jackpot.
Warum? Du darfst Dich und was Du tust, auch mal mit anderen Augen betrachten. Das sind sprechende Spiegel, in denen Du Dich aus
verschiedenen Blickwinkeln ansehen kannst. Wie im Spiegelkabinett,
mit den verzogenen Spiegeln. Da sehe ich doof aus, da naja geht so
und dort Haha. Vor welchem Spiegel bleibst Du am längsten stehen?
Ich auch.

Fazit:
Wenn Du weißt, verstehst und akzeptierst, was Andere warum über
Dich denken (nicht sagen) und dann über Dich lachen kannst, hast Du
es geschafft. Der erste Schritt ist getan.

Frage:
Bist Du ein spiritueller Lehrer?

Erster Impuls:
Oh Gott. Nein

Erklärung:
Von ganzem Herzen. Nein.
Was Ihr hier lest, sind doch nur ein paar Gedanken, die mir so durch den Kopf schweben. Splitter, Fetzen. Nichts Wichtiges.
Wenn ein Lehrer vor der Klasse steht, weiß er doch, was er erzählen muss. Und das bin ich nicht. War ich nie. Vor einem Auditorium zu stehen, war mir schon immer unangenehm.
Hinzu kommt, dass ich nicht einmal wüsste, was ich sagen soll. Ich habe kein Buch, aus dem ich Vorlesen kann. Und wenn einer etwas fragen würde, fällt mir immer Osho ein: Es gibt keine Fragen.
Keine guten Voraussetzungen für einen Lehrer.
Außerdem müsste ich den unverzeihlichen Fehler begehen, mein Gegenüber für blöder zu halten als mich. Nein.

Ich hätte sowieso nur die folgenden profanen Botschaften:
- Hab keine Angst, es kann Dir nichts passieren.
- Alles, was Du denkst ist richtig. Es stimmt nur nicht.
- Wenn Du Dich öffnest, tu ich es auch.
- Du bist das größtmögliche Kleine, was ging.
- Alles, was Dir begegnet, bist Du.
- Wer leben will, sollte Sterben lernen.
- Du hast in Deinem ganzen Leben noch keinen einzigen Fehler gemacht.

Aber das kann man auch in chinesischen Glückskeksen lesen.

Fazit:
Bitte nicht. Obwohl?

Frage:
Was kann ich jetzt tun?

Erster Impuls:
Zwei Sachen

Erklärung:
Hier musste ich tatsächlich etwas nachdenken. Bei all den Erkenntnissen und Erfahrungen, Nicken und Kopfschütteln, was kann ich jetzt praktisch tun, um in diese (meine) Welt einzutauchen?
Wie habe ich das damals gemacht?
Ich kam nach einigen Stammtischparolen, die ich gleich wieder verworfen habe, auf zwei einfache Schritte:
Erstens:
Erlaube Dir ab sofort jeden Gedanken.
Jeden noch so absurden, unangenehmen Gedanken denken.
Alles zulassen. Auch wenn erst einmal ein mittleres Chaos im Kopf entsteht. Es ist wichtig, dass Dein Bewusstsein über Deine Grenzen hinausdenken darf. Bewerte diese ungewohnten Gedanken nicht, sondern finde sie im Zweifelsfalle wenigstens sehr interessant. Das braucht etwas Übung.
Zweitens:
Schau nun einfach zu, wie sie sich gegenseitig auffressen.
Wenn Du eine plausible Gegenüberzeugung zu einer bisherigen gefunden hast, passen diese wie das Yin-Yang-Zeichen ineinander, verschmelzen und verschwinden beide. Weil beide stimmen und in Bezug auf die andere natürlich falsch sind. Und damit irrelevant.
Die Dualität lässt freundlich grüßen.
Das befreit ungemein und schnell. Entwicklung vom Feinsten.

Fazit:
Denk Dich frei. Ein Riesenspaß.
Sei jetzt, hier, so, gern, Kind und still.

Frage:
Was ist der weiße Raum?

Erster Impuls:
Unser tiefster Punkt

Erklärung:
Beim Schreiben dieses Büchleins durfte ich mal wieder meinen weißen Raum betreten. Der weiße Raum ist in unserem Leben der Ausgangspunkt, Endpunkt und beste Zufluchtsort, wenn wir einen brauchen.
Visualisiere einen weiß gekachelten Raum. Ohne Türen, Fenster, etc. Es ist angenehm warm, still und hell. Schau Dich in Ruhe um.
Du bist soeben geboren. Der Ausgangspunkt. Halt genau diesen Moment (mit etwas Glück sind es 10 Sekunden) ganz fest.
Als Nächstes bekommst Du nämlich einen gehörigen Klatsch auf Deinen Arsch. Aua. Ab dem Moment wirst Du beballert mit Anweisungen, Plakaten an den Kacheln, Informationen und Eindrücken ohne Ende. Alles Bestimmte ist Leiden (Buddha). Apropos Ende.
So ähnlich läuft es auch beim Sterben ab. Nur umgekehrt, bis es wie der der weiße angenehme Raum ist. Der Endpunkt.
Diesen weißen Raum habe ich mir erhalten. Er steht in einer Ecke meines Lebens und ich habe ihn immer im Blick. In einer Sekunde kann ich da sein. Und Stunden oder nur wenige wertvolle Augenblicke dort verbringen. Wann immer mir danach ist.
Der perfekte Zufluchtsort.
Nichts kann Dir mehr etwas anhaben, keiner zerrt an Dir herum (egal wohin), keiner betatscht Dich, es ist still, pures Sein.

Fazit:
Geh mal wieder hin, schau nach dem Rechten und mach sauber.
Wo komme ich her und wo gehe ich hin? Geklärt.
Sinn des Lebens? Den weißen Raum finden? Für mich: Passt.

Frage:
Was hat Gott mit Religion zu tun?

Erster Impuls:
Gar nix

Erklärung:
Diese Frage ist scheinbar etwas heikel. Ich versuche es trotzdem.
Religionen, so wie ich sie verstehe, sind Bewegungen, in denen sich
Menschen zusammengeschlossen haben, um sich gemeinsam auf den
Weg zu ihren Ursprüngen zu machen. Das Wort Religion stammt ja
vom lateinischen „religio", was soviel wie Rückbindung bedeutet.
In diesem Zusammenhang taugt mir der Buddhismus ganz besonders,
weil er den Menschen annimmt wie er ist, ihn behutsam und liebevoll
an die Hand nimmt und ihn immer ins Zentrum der Betrachtung
stellt. Es wird weder Angst geschürt noch Druck aufgebaut. Schaffst
Du es nicht in diesem Leben, kein Problem, kommst Du halt nochmal
vorbei. Und (übrigens sterbliche) Götter gibt es reichlich. Da ist für
jeden etwas dabei.
Anders die monotheistischen Religionen. Da wird seit jeher unter
dem Namen Religion und im Auftrag eines imaginären Wesens bruta-
le Macht ausgeübt. Es wird von Liebe, Vergebung und Sünden ge-
schwafelt, dass sich die Balken biegen und anderen Religionen gegenüber ist man spinnefeind. Naja.
Diese Religionen bedienen sich nur eines x-beliebigen Gottes als imaginäre Autorität, um die Gläubigen folgsam zu halten. Rückbindung,
Erlösung, Vergebung? Wohl eher nicht. Und zur Not nageln sie noch
seinen Sohn ans Kreuz. Schon irgendwie schräg.
Das alles hat mit Gott nicht die Bohne zu tun. Glaubt mir.

Fazit:
Es wird Zeit, dass wir aufhören, Gott zu suchen.
Wer sucht, wird nie etwas finden.

Frage:
Welches Lebensmotto hast Du?

Erster Impuls:
Ringelnatz

Erklärung:
Vor etwa 40 Jahren las ich in einem Buch mit Aphorismen den folgenden Satz von Joachim Ringelnatz:
"Alles hat drei Seiten: Eine helle, eine dunkle und eine humorvolle."
Dieser Satz traf mich tief in der Seele. Weil er aussagt, dass alles, was mir begegnet, im Wesen wertfrei ist. Es ist einfach nur da.
Erst durch meine Wahrnehmung und Einordnung bekommt es überhaupt eine Bedeutung für mich, mein Leben und meine Laune.
Es obliegt also ausschließlich mir, wie sich mein Leben gestaltet und anfühlt.
Das war ein seltsam beruhigendes Gefühl, als ich das herausfand.
Ausschließlich ich bin verantwortlich. Niemand und nichts anderes.
Und so schlendere ich durchs Leben, immer auf der Suche nach der humorvollen Seite an all den Dingen, die mir begegnen.
Wenn ich sie gefunden habe, speichere ich sie ab, weil sie mir entsprechen und verknüpfe sie als einzig bedeutungsvolle Erinnerung mit der Begegnung.
Natürlich sehe und kenne ich auch die anderen beiden Seiten. Ich nehme sie nur nicht ganz so wichtig.
So habe ich fast ausschließlich lustige und amüsante Erinnerungen an mein bisheriges Leben.
Ergo kann und darf ich mein Leben auch so sehen.
Und das fühlt sich verdammt gut, sehr ruhig, friedlich, lustig und sinnvoll an. So, wie ich es immer haben wollte.

Fazit:
Da draußen ist nichts.

Frage:
Was ist die Reise des Narren?

Erster Impuls:
Ein großer Spaß

Erklärung:
Einige Menschen beschäftigen sich mit dieser Reise. Daher erlaube ich mir ein paar Gedanken dazu.
Es geht nicht um eine Reise von A nach B (was immer A und B auch sein soll), Entwicklung, Weiterkommen, Besserwerden, Wachsen oder so ein Zeug.
Es geht um das tiefe Verständnis, dass mein Ich der Narr ist, schon immer war und immer sein wird.
Meine Prägungen, Erfahrungen, genetischen Programmierungen, Umwelt, Wünsche, Vorstellungen, Instinkte, Hoffnungen, Geschichte, Einbildungen und alle anderen unbewussten Informationen, die in meinem Gehirn gespeichert sind, machen und halten mich per Definition jederzeit zum Narren!
All diese Einflüsse schränken mich aber auch ein!
Wenn ich sie ernst nehme.
Sie rauben mir Freiheit, Zeit, Raum, Liebe, Gefühl, Möglichkeiten, Wege und Wahrnehmungen. Und damit Lebensqualität. Nö!
Ich sehe mich täglich liebevoll als Idioten, Narren, Dummkopf, Unwissenden und Clown an. Ich kann, will, möchte und muss damit leben.
Gleichzeitig beobachte ich diesen Narren mit einem schmunzelnden, spitzbübigen Interesse, dass ich mich nur noch wundern und freuen kann, was dieser Dummkopf so alles hinbekommen hat.
Letztlich und ganz tief verstanden habe ich Folgendes:
Ich kann nichts dafür, dass ich so bin, wie ich bin. Null!

Fazit:
Und das stimmt ausnahmslos für jeden Menschen. Gute Reise.

Frage:
Was ist die Akasha-Chronik?

Erster Impuls:
Ein Teil der Seele

Erklärung:
Im Thema Seele habe ich sie bereits erwähnt. Nun ein paar Gedanken zu besagter und sagenumwobener Akasha-Chronik.
Viele verstehen darunter eine Art Datenbank, in der die Geschichte des Universums gespeichert ist. Im Grunde genommen ist es so ähnlich. Allerdings gibt es sehr seltsame Vorstellungen über den Zugriff auf diese Datenbank, die nicht wirklich zutreffen.
Das ist keine Bibliothek, in die man mal eben hineinspaziert, sich gezielt ein Buch ausleiht, darin liest und es dann wieder ins Regal stellt. Überhaupt nicht.
Es ist eher eine Beigabe für erwachte Menschen, die in sich die Möglichkeit spüren, durch die universelle Erfahrung durch das zeitlose Universum zu reisen (das man ja dann selber ist) und auch die Fülle und Vielfalt aller vorherigen und zukünftigen Gedanken, Erlebnisse und Erfahrungen aller Lebewesen zu erfühlen. (Was für ein Satz, stimmt aber ziemlich genau, und auch wieder nur im Ansatz).
Wir Menschen glauben so gern, dass jeder gedachte Gedanke usw. dort abgespeichert ist. Das stimmt zwar, ist aber nur die hinterste Ecke, die in den letzten 5 Minuten eingerichtet wurde und im Gesamtvolumen der Chronik von verschwindend geringem Umfang ist.
Am interessantesten sind die Ecken, die sehr zeitig angelegt wurden und nicht gleich auffindbar sind: z.B. das Kapitel "vor dem Urknall". Übrigens lade ich fast jeden Abend meinen spirituellen Tag hoch. So ist er da, wo er hingehört und ich habe wieder Platz für morgen.

Fazit:
Ein Bereich mit eingeschränkten Zugriffsrechten. Schade und gut so.

Frage:
Wieso fühlt sich vieles, was ich höre, an, als wäre es gelogen?

Erster Impuls:
Weil es Lügen sind

Erklärung:
Natürlich weiß ich, das Lügen nur die Wahrheiten der Anderen sind. Sinn und Zweck von Lügen ist immer, sich einen Vorteil zu verschaffen oder persönliches Ungemach zu vermeiden. Trotzdem stört es mich, dass gefühlte 98% der Dinge, die ich zu verarbeiten habe, einfach nicht stimmen können.

Es ist egal, ob es Zeitung, Fernsehen, Werbung, Autohersteller, Mitmenschen, Arbeitskollegen oder Geschichtsunterricht betrifft. Ich fühle mich schlicht verarscht.

Das mag jeder mit sich selbst ausmachen. Aber ich empfinde das Niveau und die Art und Weise, wie sie glauben, mich veräppeln zu können, widerlich, durchschaubar und daher echt beleidigend.

Da wird eine stümperhafte Abrissaktion zweier Häuser in NY zum Terroranschlag deklariert, der allen Kindern den amerikanischen Notruf unauslöschlich einbrennt und den Porsche 911 zum Verkaufsschlager macht. Allumfassende Überwachung hinterher? Hä?

10% aller Deutschen leiden nach neuesten wissenschaftlichen Untersuchungen an XY. Furchtbar. 90% leiden nicht, sagt aber keiner. Den Menschen Mut machen, sie trösten? Bloß nicht.

Und hier wird es für mich zum Vorsatz (strafbar). Anders gesagt: Wer mich belügt oder belügen will, hat in meinem Leben weder etwas verloren, zu suchen, geschweige denn, etwas zu finden.

Sorry, falsche Adresse.

Fazit:
Politik ist hier nicht so mein Fall. Stimmt aber trotzdem.
Das sind nicht Deine Freunde.

Frage:
Was ist Zeit?

Erster Impuls:
Eine wichtige Illusion

Erklärung:
Vielleicht ist das das komplexeste Thema hier. Weil die Zeit eine all-
gegenwärtige Manifestation zu sein scheint.
Als kleiner Junge bekam ich ein Buch in die Hand, in dem es um die
Zeit ging. 200 Seiten und ich habe mir nur gemerkt: Zeit gibt es nicht.
Das verfolgte mich natürlich. Ein paar Jahre später bekam ich dann
eine Antwort, die das ein für allemal auflöste.
Jeder weiß, was Zeit ist. Wie sie vergeht. Die meisten unserer For-
meln haben die Zeit in irgendeiner Form in sich. Ohne Zeit würde
unsere ganze Welt nicht funktionieren. Stimmt´s?
Die Antwort war:
Unser duales Bewusstsein braucht Zeit, um die Dinge, die es getrennt
hat, nacheinander zu betrachten.
In dem Moment, in dem wir in die Dualität gehen, erzeugen (brauchen) wir Zeit und Raum. In der Non-Dualität brauchen wir den
Quatsch nicht.
Anders gesagt: Wir machen etwas Bestehendes kaputt und brauchen
dann viel Zeit, um alles wieder einzusammeln und zu reparieren.
Mein Gefühl ist, Zeit vergeht nicht nur, sie kommt auch. In jeder Se-
kunde. Also nehme ich sie mir. So viel, wie ich brauche. Eine gefühlt
unendliche Ressource, nur für mich. Zur freien Verfügung.
Zeit entsteht in dem Moment, wo sie benötigt wird. Wenn wir anfangen, das Universum in Aspekte zu zerlegen. Wenn das alles wieder
Eins sein darf, brauchen wir die Zeit nicht mehr.

Fazit:
Trennen verplempert wertvolle Lebenszeit.
Du kannst das schon so machen, aber dann ist es halt doof.

Frage:
Darf ich um Hilfe bitten?

Erster Impuls:
Immer und überall

Erklärung:
Eigentlich ist es unvorstellbar, aber es gibt immer noch Menschen auf diesem Planeten, die sich nicht trauen, andere Menschen um Hilfe zu bitten.
Wie weit weg von mir selbst muss ich denn sein, um eine eigene Unzulänglichkeit nicht mal vor mir selbst vertreten zu können?
Ich habe es immer genossen, jemand völlig Fremden um Hilfe zu bitten. Einfach nach dem Motto: Ich bin fremd in Deiner Welt hier, hilf mir bitte. Ausnahmslos alle Anfragen wurden freundlich und herzlich erwidert. Naja, fast alle.
Zwei Dinge geschehen in diesem Moment:
Der eine ist bereit, eine Schwäche zuzugeben. Das mag etwas peinlich sein, aber das weiß der Andere auch.
Diesen Ball nimmt der Andere auf und entlohnt Deine Offenheit mit einer passablen Wegbeschreibung. Und er fühlt sich auch gut.
Eine meiner tiefsten Erfahrungen ist, dass Menschen im Wesen gern anderen Menschen helfen möchten. Jeder von uns weiß tief drin, dass er nicht alles wissen kann und immer jemand da ist, der irgendwas besser weiß. Dann frage ich doch diesen Besserwisser. Er darf antworten, fühlt sich gut und ich bin schlau.
Und mein Problem ist auch weg.
Dass es mir peinlich war, hefte ich unter Selbstliebe ab.
Kleiner Schulterklopfer und ein liebevolles: Hab ich gut gemacht.
Der, der mir hilft, bin ja eigentlich auch (aber nicht nur) ich.

Fazit:
Wenn Du meinst, das bekommst Du alleine hin, irrst Du vielleicht.
Es geht aber.

Frage:
Was sagt Deine Mutti über dich?

Erster Impuls:
Frag sie mal

Erklärung:
Und lass sie reden. Quatsch ihr nicht rein. Hör zu. Hör hin.
Ich (56) habe heute mit meiner Mutti (74) telefoniert. Sie sagte (nicht zum ersten Mal) aber liebevoll: Du hast immer einen anderen Furz in der Platte. Ja Mutti, und deswegen liebst Du mich doch. Wir haben gelacht. Die andere Übereinkunft, die wir haben: Wir kriegen Dich nicht groß? Ich: Nein. Lass es, Mutti.
Wir wissen beide, dass wir uns nicht mehr folgen können. Sie mir nicht und ich ihr nicht. Und wir wollen es auch nicht.
Geh Deinen Weg und lass mich wissen, dass es Dir gut geht.
Wenn meine Mutti über mich spricht, wird mir immer warm ums Herz. Egal, was sie sagt.
Ich informierte sie heute, dass ich dieses Büchlein schreibe. Dein Leben! Echt? Sie war irgendwie aus dem Häuschen. Vielleicht interessiert sie ja doch, was so in meinem Kopf vorgeht. Darf ich das lesen? Unterschwellig ein deutliches: Will ich das lesen? Verstehe ich das? Reizvoll knifflig.
Meine Mutti wird niemals schlecht über mich reden, nicht mal denken. Umgekehrt schon gar nicht.
Ich liebe Dich, sagen wir uns zwar. Das ist aber schon lange nicht mehr nötig.

Fazit:
Hör auf Deine innere Stimme. Auf wen trifft der folgende Satz zu? Wenn es Dir Scheiße geht, ruf mich an. Ich bin sofort für Dich da.
Es sind ganz wenige. Mir fällt als erstes immer Mutti ein.

Frage:

Was hat Fußball mit dem Leben zu tun?

Erster Impuls:

Es wird aufeinander geschossen

Erklärung:

Schon lange geistert in meinem Kopf der Gedanke herum, dass die alten Gladiatorenkämpfe im Kolosseum nur die Urform der heutigen Bundesliga sind. Brüllende Menschen auf den Rängen und ein paar arme Schweine in der Arena. Allein die Form der Stadien heute lässt sich fast 1:1 auf die alten Arenen legen. Probiert es einmal selbst. Ich habe echt gestaunt.

Achso, Fußball. Wieso zieht es solche Massen an?

Du weißt nicht, wie es ausgeht. Und irgendwie ist das auch nicht wirklich wichtig. Weil nächste Woche ein anderer Gegner kommt. Aber die Faszination bleibt: Du weißt nicht wie es ausgeht.

Dein Leben. Wie geht es aus? Schon mal darüber nachgedacht?

Mir doch egal. Keine Ahnung. Nicht wichtig.

Achso, Fußball. Aber jetzt, in diesem Moment, will ich hier sein, jemanden neben mir haben, vor Begeisterung brüllen, angespannt sein, traurig, wütend, happy sein. Einfach nur Leben/Nähe spüren?

Am meisten mag ich bei Fußballübertragungen die Kamerabilder aus den Zuschauerrängen. Diese Emotionen sind erstaunlich.

Trotzdem wird in der Arena da unten gegeneinander gekämpft, weh getan und auf das gegnerische Tor geschossen.

Letztlich schauen wir einem kleinen Krieg, den andere führen, nur zu. Und damit sind wir für seine Entstehung ein wichtiger Faktor.

Warum wollen wir seit Menschengedenken Kampf/Verlierer sehen?

Weil wir die Schwäche der Anderen, als unsere Stärke missverstehen.

Der größte Irrtum der Menschheit!

Fazit:

Und Du weißt trotzdem nicht, wie es ausgeht.

Frage:
Warum wird seit Jahrtausenden kleinen Mädchen wehgetan?

Erster Impuls:
Wem denn sonst

Erklärung:
Vor einigen Wochen stach mir ein Satz mitten ins Herz. Eine Frau sagte irgendwie nebenbei: Seit Jahrtausenden wird auf dieser Welt kleinen Mädchen weh getan.
Ich sehe sie vor mir: die kleinen Arbeiterinnen, Vergewaltigten, Beschnittenen, Bettlerinnen, Huren, Missbrauchten, Verbrannten, Köchinnen, Opfer, Mütter. Das schwache Geschlecht. Du auch?
Und auf der anderen Seite sind die bösen Onkels. Stimmts?
Nein. Liegestuhl, zurücklehnen, Glas Wein und kurz innehalten.
Die Frage scheint zu stimmen. Eine typische Opferfrage.
Könnte das etwas mit Dualität zu tun haben?
Kleiner Exkurs: Seit unserem ersten Atemzug sind wir gleichzeitig Gottes Kinder und Opfer menschlichen Tuns. Und so ein richtig gut funktionierendes Opfer, will dann auch mal die andere Seite sein.
Sie werden natürlich zu Tätern. Das Gleichgewicht lässt grüßen
Solange ich mich als Opfer fühle, erschaffe ich einen Täter. Und wer sieht sich als Opfer? Nur ich. Übrigens: In jeder Sekunde kann man anfangen, das anders zu sehen.
Da war doch mal etwas.
Religio. Zurück zu Dir als göttlichem Geschöpf und einen anderen Weg versuchen. Gehen. Oder einmal kurz das Nichts tun.
Vergiss den Mist, den Dir diese Unwissenden angetan haben, übe Dich in Vergebung, sei bei Dir und sing ein Liedchen darüber.

Fazit:
Diese Menschen sind zu blöd für diese Welt.
Sei gnädig. Du kannst es. Das ist der Unterschied.
Also: Sei Gott und vergib ihnen, denn sie wissen nicht, was sie tun.

Frage:
Sind wir Menschen tief drin böse?

Erster Impuls:
Selbstverständlich

Erklärung:
Wenn wir nicht böse wären, wären wir nicht hier.
Nicht nur das Eiapopeia, lieb und artig sein, auch der Gegenpol muss vorhanden sein. Sonst funktioniert unser Hiersein nicht.
Das eine kann sich ohne das andere nicht manifestieren.
Frage Dich einfach: Bist Du ein guter Mensch? Wirklich?
Gibt es Situationen, in denen Du jemanden umbringen könntest?
Na klar ist in mir auch immer etwas Böses. Ich fühle es, es bewegt mich und ist immer präsent. Ich weiß es, mag es aber nicht.
Trotzdem ist es so. Fühlt sich das vertraut an?
Die Akzeptanz dieses Umstandes macht einen großen Teil unserer Lebensqualität aus. Weil wir die Angst vor uns selbst verlieren, wenn wir das annehmen können. Liebevoll natürlich.
Wir sind in der Lage, uns so anzunehmen, wie wir von Natur aus sind.
Die Frage ist nur, sind wir auch bereit und willens.
Da gibt es eine schöne Frage, die ich immer wieder höre:
Wieso lässt Gott dies und jenes zu, obwohl es doch so nicht sein sollte? Da fiel mir auf: Wir stellen dumme Fragen.
Es gibt keine dummen Fragen. Nur dumme Antworten? Bullshit. Die Antworten sind schon immer da und klüger als die Fragen.
Osho sagte einmal: „Es gibt keine Antworten. Hört auf zu fragen."
Diese Äußerung war wie eine Initialzündung für mich.
Kurz danach ging bei mir das Licht an.

Fazit:
Wenn wir nicht auch noch gut wären, wären wir auch nicht hier.
Sowohl als auch. Und weder noch.
Viel Spaß.

Frage:
Was ist der Unterschied zwischen Erwachen und Erleuchtung?

Erster Impuls:
Gute Frage

Erklärung:
Irgendwann in unserem Leben gibt es vielleicht den Moment, in dem uns das plumpe Gefühl beschleicht:
Mit dieser Welt stimmt irgendetwas nicht.
Viele Menschen nehmen es zur Kenntnis und belassen es dabei.
Es gibt aber auch Menschen, die kurz innehalten und die Gehirnzellen anwerfen. Sie verstehen vielleicht nicht sofort, aber tief drin, dass es mehr geben muss. Sie machen sich auf den Weg. Fragen hier und da nach. Und plötzlich kommt eine erste Erkenntnis. Irgendwann stehen sie vor Morpheus. Die rote oder blaue Kapsel?
Nehmen sie die rote, reißt es sie sofort unweigerlich in die Tiefe.
Nichts stimmt mehr, nicht einmal sie selbst. Und alles ist wahr.
Es brennt, es schmerzt, es macht traurig aber es befreit.
Das erste bisschen Freiheit nutzen manche, um noch mehr Vorhänge zur Seite zu schieben. Nur um vor dem nächsten zu stehen. Das wird ein Sport. Mehr und mehr Vorhänge verschwinden. Je nach Kraft, Lust und der Fähigkeit und Bereitschaft zur Selbstaufgabe.
Wenigen gelingt es, den Vorhang zur Seite zu schieben, hinter dem sie sich dann endlich selbst begegnen. Auge in Auge mit sich selbst.
Ich bin nicht das Wesen, was ich glaube zu sein. Nichts davon.
Das wäre Erwachen. Du begegnest Dir selbst und bist sturzverliebt.
Dann sind es nur noch zwei Vorhänge, die Du zur Seite schieben darfst, bis zur Erleuchtung. Und Du brauchst dann nicht an der offenen Pforte klopfen. Geh einfach hindurch. Ein Kinderspiel. Oder?

Fazit:
Wir sind hier, um selbst zum Schöpfer zu werden.
(siehe auch Gedankenfetzen)

Frage:
Was ist mit Ruhe, Stille oder Einkehr gemeint?

Erster Impuls:
Urgrund

Erklärung:
Immer wieder wird mir diese Frage gestellt. Und jedes Mal wundere ich mich aufs Neue darüber.
Das erinnert mich an die Marionette, die an ihren Fäden hängt. Auch wenn nachts, in der Kiste, keiner daran zieht. Ein Alptraum.
Vielleicht möchte die Marionette auch einmal alle Fäden kappen, einfach mal herum liegen. Nichts tun.
Ich habe das für mich immer so hergeleitet:
In meinem dualen Leben gibt es die zwei extremen Pole:
Alles, was möglich ist und Alles, was nötig ist.
Wenn ich mal die Sau raus lasse, darf alles sein, was geht. Besser gesagt, was ich leisten und aushalten kann. Das geschieht hochbewusst. Nicht unbedingt kontrolliert, aber bewusst.
Und dann gibt es den notwendigen extremen Gegenpol.
Ich nenne ihn gern: Das kleine Teelicht. Und zwar, kurz bevor es erlischt. Eine klitzekleine Flamme, die nicht mehr im Wind flackert.
Klein genug, um noch Licht zu sein und groß genug, um nicht zu Sterben.
In diesem Zustand, den ich mir mindestens einmal am Tag gönne (meine Frau schafft locker 40x) verschwindet alles Andere.
Wichtig ist, zu verstehen, dass dieser Zustand uns im Gleichgewicht halten kann. Nur Party geht nicht. Ein schönes Beispiel ist, wenn Du eine Klangschale, einen Gong oder ein Glas anschlägst. Dong. Und danach wird es immer stiller. Der Klang verschwindet in der Stille.

Fazit:
In der Ruhe liegt die Kraft.
Das Universum ist still. Hör mal genau hin. Geh einfach mit.

Frage:
Wie bekomme ich das Büchlein zu Ende?

Erster Impuls:
Gar nicht

Erklärung:
Dieses Frage- und Antwort-Spiel könnte ich unendlich fortsetzen.
Also kann ich auch aufhören damit. Es geschieht nichts Neues mehr.
Und so habe ich den Entschluss gefasst, noch ein kleines Nachwort zu
schreiben.
Dann folgt noch ein Katalog mit Fragen, die ich gesammelt habe, die
es aber in der Form nicht ins Büchlein geschafft haben und eine
Sammlung von unkommentierten Gedanken, die mir im Laufe des
Schreibens durch den Kopf gegangen sind.
Dieser Anhang könnte Dich animieren, auf der Grundlage meiner
Antworten selbst die Fragen zu reflektieren und Dich daran zu versu-
chen.
Die Gedanken sind nur eine Sammlung von Splittern, die aber even-
tuell hier und da mit einem Gedanken oder einer Frage von Dir kor
respondieren und sich somit beantworten lassen.
Sie sollen Dir nur ein Gefühl geben, dass Du nicht allein bist.
Klar bist Du allein. Aber andere Menschen haben auch diese Gedan-
ken, die Dich bewegen. Und es werden hoffentlich immer mehr.

Deine Chance.
Ich habe gerade das Gefühl, dass dieses Büchlein erst richtig anfängt,
wenn ich aufhöre zu Schreiben. Das war gar nicht mein Plan.
Es mutiert zum Selbsthilfe-Baukasten.
Spüre Deine Fragen heraus und bediene Dich bei den Gedanken-
Splittern nach Herzenslust. Es ist alles da. Greif einfach zu.

Bastel Dir Deine eigene Welt.

NACHWORT

Seit einigen Monaten sitze ich nun hier an diesem Büchlein.
Und es beschleicht mich der Gedanke, dass es gut geworden ist.
Es sollte ein Angebot sein.
Es ist eine Einladung geworden, alles, was Dich umgibt, einmal anders zu betrachten. Ich bin sicher, dass sich das immer lohnt.
Für mich war es stets das größte Vergnügen, jede Wahrheit um 180° zu drehen, also das Gegenteil zu behaupten und so lange Argumente zu sammeln, bis diese Sichtweise eine neue Wahrheit ergibt.
Und diese neu geschaffene Wahrheit entlarvte meine ursprüngliche Weltanschauung jedes Mal als nur eine Variante alles Möglichen.
Gern zitiere ich einen Satz vom Beginn des Filmes „Bleeb":
„Am Anfang war das Nichts, voller unbegrenzter Möglichkeiten.
Von denen Du – eine bist."
Und wenn ich heute einen Menschen sehe, der mich früher in Bruchteilen einer Sekunde abgestoßen hätte, sage ich mir jetzt:
Das ist auch eine Möglichkeit, an der das Universum 13,7 Mrd. Jahre gebastelt hat.
Das Hier und Jetzt in allen Facetten wird zum unerschöpflichen Selbstbedienungsladen für mich.

Jetzt ist Unendlichkeit verfügbar.
Hier ist nichts perfekt. Aber alles vollkommen.

Genau wie Du und ich.

Die Frage ist nun:
Wie weit kannst, willst und möchtest Du dem Kaninchen in den Bau folgen. Er ist unendlich.

Da draußen ist nichts.
Du bist am Zug. ☺

FRAGEN, DIE ES NICHT GESCHAFFT HABEN
(einige mit Anmerkungen)

Wie können wir die Welt verbessern? Die ist viel schlauer als wir.

Woran krankt die Welt? Dass der Mensch sich nicht gut genug fühlt.

Was ist das Hauptproblem? Dass wir im Geiste trennen, was zusammen gehört, Eins ist.

Ist die Welt Scheiße? Nö sie ist wundervoll (voller Wunder) und voller Scheiße. Na und?

Wo ist die Menschheit falsch abgebogen? Gar nicht, aber vorhersagen zu können, wann die Sonne aufgeht, hat eine Allmachts-Fantasie ausgelöst.

Wie werde ich ein besserer Mensch?

Wo komme ich her?

Was meinen die mit Lügenpresse?

Was ist die Dunkle Materie?

Was wissen Wissenschaftler nicht?

Was kann ich am einfachsten tun, dass es mir besser geht?

Was stimmt an diesem Kapitalismus nicht?

Wie bekomme ich die Zugel über mein Leben wieder in die Hand? Fragt die Marionette. Hihi.

Warum ist das alles so anstrengend?

Darf/ soll der Mensch Tiere essen?

Kann man sich von der materiellen Welt lösen?

Wo ist mein Platz im Leben?

Warum habe ich das Gefühl, je älter ich werde umso unwichtiger wird so vieles und ich muss ganz vieles einfach nur belächeln?

Warum fehlt einem manchmal der Mut, Dinge einfach zu tun?

Woher kommen Existenzängste, wenn man doch eigentlich alles hat, was man braucht?

GEDANKENFETZEN

Und wenn ich mir Mühe gebe, gelingt es mir vielleicht, so langsam zu denken, wie Sie. (Stirb langsam 4)

Fantasie fehlt.

Anthony Hopkins in „Joe Black", als er sich von seiner Tochter verabschiedet. Das würde ich gern von jedem Menschen, hören.
Für mich stimmt das. „Du hast meinem Leben einen Sinn gegeben, den ich mir erträumt hatte. Mir geht es gut. Mach Dir keine Sorgen um mich. Und ich möchte, dass es Dir ebenso geht."
Ich habe noch nie von jemandem so geredet, wie von Dir. Und Du auch nicht.
Das ist gottverbunden, also geklärt.
Mir geht es gut. Wirklich.
Nun kannst Du Dich um die Anderen kümmern.
Da müssen wir hin.
Dann haben wir es als Menschheit geschafft.
Kann man das Unwissenden vermitteln?
Unwissende sind nicht Ungläubige.
Unwissende sind von anderen mit Absicht Belogene.

Der kürzeste Weg ist der Weg zu Dir.
D´accorde: Bin ich gegangen, über Krakendorf, Kagel, Hawaii, LA, Fallschirmspringen, Tauchschein, Rennstrecken-Lizenz, Karibik, Knie auf dem Asphalt, Salem Express, Singapore, Dubai, Swingerclub, Tschillichau, Astrofotografie... mit ihr. Ich bin ihn gegangen.
Habe leider keine Abkürzung gefunden.
Was ich sehen wollte, habe ich erlebt.

Eventuelle weitere Fragen:
Was ist Zeit ->totschlagen, sie schlägt Euch tot (Osho)

Die gehört mir!
Die ist einzigartig. Haben will. Die brauche ich.
Das Gefühl hatte ich in meinem ganzen Leben nur einmal!
Ein einziges Mal. Das war mein Moment des Lebens!
Der hat schlagartig mein ganzes Leben geändert.
Und ich kann nach 30 Jahren die Augen nicht von Dir lassen. Ich finde
Dich schön. Du bist schön.

Ich habe den Preis dafür, Dich an meiner Seite zu haben, gern bezahlt. Und Du auch. Danke.

Wir kennen uns schon lange. Sind uns schon mehrfach begegnet. Und
damals war es ein: Da ist sie ja wieder. Ab jetzt wird es wieder schön.
Nicht einfach, aber sehr angenehm. Ich kenne Dich. Seit dem Urknall.

Wann immer Du etwas sagst, platzt eine meiner Lügen in mir.

Ich weiß, woher und warum dieses Geschenk genau jetzt kommt.

Bin ich ein Lügner?
Nein. Weil ich vergeben kann..
Es gibt auch die anderen Impulse in mir. Gebe ich zu. Aber auch die
vergebe ich mir.

Primärprägung, mal wieder.
Bleep: Wenn ich das tue, werde ich geliebt. Wenn ich das tue, werde
ich bestraft. Mit bedauerlichen Ergebnissen.

Es wartet kein Gott darauf, mich zu bestrafen.

Einen Menschen zu fragen, was Gott ist, ist genauso dämlich, wie
einen Fisch nach dem Wasser zu fragen, das ihn umgibt.

Wir sind hier, um selbst zum Schöpfer zu werden (Sinn des Lebens!)
Frauen wissen das instinktiv.

Ich finde, was ich brauche, wenn ich es brauche.

Ich habe alles, was ich brauche. Den Rest finde ich.

Shallow-Lied: Brauchst Du mehr?
Brauchen nicht, aber hätte gern.

Egal, was. Du hast eine Woche Zeit zu überlegen.
Was würdest Du tun?
Und das machen wir dann.

Das wars noch nicht!

Wenn Du nicht ganz tief in Deiner Seele gräbst, findest Du keinen Halt. (A star is born, 2018)
Frage Dich einfach: Will ich mehr?
Kommt ein Ja, hast Du ein Problem.
Kommt ein Nein, hast Du es geschafft.
Ich sage aus tiefstem Herzen: Nein.
Und welchen Blödsinn verzapfen wir jetzt als Nächstes?

Das ist mein Sinn des Lebens.

Ich bin doch auch nur eine Möglichkeit. ;-)
Genau wie der, die und alle Anderen neben mir.

Wenn ich etwas nicht verstehe, kommt es erst mal in die Kategorie „Komisch". Nicht Scheiße, geil oder hä. Komisch. Ist leichter.

Blau oder Rot? (Kapsel in Matrix)
Ich sofort: Rot. Her damit.

Ich kann Dich nicht beschützen.
Verstehe. Ich bin auf mich gestellt.
Ich hab´s verstanden und nenne es: Da draußen ist nichts.

Ein neuer Tag im Paradies. Hihi. Wo denn sonst?

Maschinen können nicht „um die Ecke denken".
Wir schon. Vergiss KI (künstliche Intelligenz).

Gequatsche reicht nicht. Geh hin und sieh selber nach.

Du bist nicht der, der Du glaubst zu sein.

Mensch oder PERSON? (Personalausweis. Wie bitte?)

Ich habe den Menschen von der Person getrennt.

Der Mensch ist die Anderswelt.
Der einfachste Weg hinaus, führt hinein.

Damit kenne ich mich aus.
Das ist der Sinn des Lebens: Trenne Dich von der Person.
Werde Mensch.

Du stehst Dir selbst gegenüber.
Visualisiere die Situation. Was geschieht?
Schreibe einen Aufsatz darüber ;-)

Losbrüllen und ein Bier aufmachen.
Und wir treffen uns unten, auf der Oberfläche.

Die beiden stehen am See und …. Klingt romantisch (wie bei uns.)
Altwerden! Und dann sterben wir. Aber wir werden für immer zusammen sein.

Hätte ich Euch gesagt, was Ihr finden werdet, hättet Ihr mich für Verrückt erklärt.

Ich musste nur einen Weg zurück finden. Noch einmal an den ganzen Lügen vorbei. Zu dem Menschen in mir. War nicht leicht. Hat aber Spaß gemacht. Wirklich.

Das ist Erwachen! Wenn Du Dir selbst begegnest.
Erleuchtung ist, wenn Du vor Gott stehst.

Jeder Soldat sagt und versteht hoffentlich:
Das ist nur eine Maschine. Die Waffe bin ich (Oblivion)

Gute Nacht lieber Mensch. Morgen früh wachst Du wieder neu auf.
Neu. Ein neues 24h-Leben.
Sorry, mehr gibt es heute nicht. Gab es übrigens noch nie.
Aber 24h sind eine ganze Menge.

Wenn wir eine Seele haben, ist es die Liebe, die wir teilen.

Asoziale Medien?
Vollkommen überbewertete Scheinwelt.

Genderwahnsinn: Irgendwann sind wir auch noch Atmerinnen und
Atmer.

In „Zeitgeist" (Film, 2007) sprachen sie von der Zukunft, in der jeder
einen RFID-Chip implantiert bekommt. Ich so: Haha.
Heute trägt jeder seinen allwissenden Peilsender freiwillig mit sich
herum.
Oder nicht?

Ich bin bei Dir.

Und das habe ich für Dich:
nichts
alles
und wieder Nichts
und wieder Alles.

Es gibt auf jeder einzelnen Seite dieses Büchleins genügend Türchen aus dieser Welt.
Bedenke trotzdem: Der interessanteste Weg heraus, ist der hinein.

Probier mal das folgende Rezept:
Von mir gewolltes, selbst- und hausgemachtes Grinsen an kleingelachtem Bullshit in Korrespondenz mit alles Einerlei zum Nulltarif.

Und es sieht gut aus für Dich. Wirklich.
Vielleicht berühren Deine Füße niemals die Erde und Dein Geist niemals den Himmel.
Aber vielleicht doch.

Ob Du es spürst oder nicht, es ist bereits mehrfach geschehen.

Kennst Du das Gefühl, Du betrittst an einer roten Fußgängerampel die Straße – und sie wird sofort grün?
Das passiert mir fast jedes Mal.

Unbekümmertheit

Was gibt es morgen Schräges zu erleben?
Das ist meine Welt. Von mir und wie für mich gemacht.
Und für meine Frau.
Sie sagt immer: Alles Liebe.
Was sonst, Schatz.

Ich weiß.

Ich liebe Dich.